# 通いたくなる庶民派グルメ

入りやすくて、懐にやさしくて、なのにボリュームがあって、食べれば思わず顔がほころんで。「また来たい!」「わざわざ訪れたい」と思わせる、どこかほっとする空気を持つお店ばかりを集めました。「和食派」「洋食派」「中華派」とジャンル別に、「通いたくなる庶民派グルメ」を一挙ご紹介。さ、そろそろ出かけるとしますか。

CONTENTS

# 通いたくなる庶民派グルメ

【アイコンの表示】

Wi-Fiあり　クレジットカード利用可

●本誌掲載記事は2021年10月15日現在のものです。営業日・時間・価格・料理など、内容に変更があった場合はご了承ください。
●記載されている定休日に年末年始や夏期休業は含まれていません。
●消費税込の価格表示です。

## 通いたくなる庶民派グルメ

# 和食派

庶民派、大衆的、でいて和食派とくれば、やっぱり「定食」に「どんぶり」、お得な「セット」メニューが定番じゃあないでしょうか。いずれも値段が安くてボリューム満点。そんな中でも、手間をたっぷりかけたり、食材にこだわっていたりと、まさに庶民の味方。素材をシンプルに生かした和の味わいは、舌にも心にも響きます。

「通友丼（並）」茶碗蒸し・味噌汁・漬物・小鉢・デザート付き1210円
少し甘めの自家製タレは店の伝統、開店以来の看板メニュー

## 赤身の旨味を引き出す“漬け丼”は、女将さんのあふれる愛情の逸品

浜名湖の東、庄内湖畔の人気店として知られる通友。主婦だった女将さんが「おいしい鮪（まぐろ）を食べてもらいたい」と店を構えてからもうすぐ20年になる。名物である「通友丼」は毎回オーダーする熱烈なファンもいるほどの人気メニュー。ほんのり甘めのタレに漬け、揉むことで生まれるねっとりとした食感が絶品だ。

静岡方面に加え、愛知県から通う常連も多く、近年は娘さんが始めたシフォンケーキ部門も評判。一つひとつの料理を丁寧に作る姿勢は、この先も変わらず受け継がれていく。

**お食事処**
### 通友
おしょくじどころ みちとも

**浜松市西区** map：P75 C-5

☎ 053-485-1085
住 浜松市西区古人見町3176-3
営 平日11:30〜13:45LO
土日11:00〜13:45LO
17:00〜20:00
席 テーブル15席、カウンター6席
座敷テーブル12席、個室8席
休 水・第3火曜
P 30台
※PayPay可

**〈お店から一言〉**
昨年から「michitomo sweets ヒロ」として自家製シフォンケーキの販売を始めました。季節のフルーツサンドが好評です。（店主・鈴木さん）

和風の店内、奥には畳敷きテーブル席も用意

三角屋根に大きな魚のオブジェが目じるし

「天丼」1650円。大エビ2本とカラッと揚げた野菜をドーンと盛り付けた豪快な丼。通友丼と人気を二分する一皿

# 遠州食材にほれた店主が作る
# 定食スタイルのランチに大満足

東京都内の料亭で腕を磨いた店主が浜松で店を開いたのは、「海や野の豊富な幸と全国レベルの遠州の食材にほれ込んだから」。浜名湖産のタイやカキといった魚介や静岡県産高級ブランド牛「峯野牛」、遠州野菜などを、カジュアルな創作和食に仕立てて提供する。

「若い人にも気軽に足を運んでほしい」と店名に「バル」を冠しているものの、女性を中心にランチも人気。夜は野菜を和風ソースでいただくバーニャカウダーなどによく合う酒を楽しみながら、店主との会話を楽しむ常連客も多い。

店内は弧を描くカウンター席やテーブル席のみのモダンな雰囲気で、肩肘張らずにゆったりと過ごせる。

和風バル《わふうバル》
## 志道《しどう》

浜松市中区　map：P70 F-2

☎053-571-0961
住 浜松市中区木戸町13-1 エムケー木戸 1F
営 月～金 11:30～14:00 17:00～22:00(21:30LO)
土 17:00～22:00(21:30LO)
席 テーブル14席、カウンター6席
休 日曜(翌日が祝日の場合は営業、翌月曜休み)
P 6台

**〈お店から一言〉**

平日の志道ランチは「湯葉と豆腐の揚げ出し」も人気ですよ。少し上品な感じでいかがでしょうか。(店主・平山さん)

弧を描くカウンターとJAZZが流れる店内

ビルの一階で、モダンな印象の店構え

「丸ごとタマネギトマトのチーズ煮」660円。篠原産のタマネギを鶏のダシで煮て、トマト・チーズをたっぷりかける、和風仕立ての健康にも気を使った一皿

「志道ランチ・天ぷらの盛り合わせセット」お造り・小鉢・茶碗蒸し・味噌汁・ライス・付け合わせ・デザート・コーヒー付き1400円。味噌と醤油は地元寺島町「ヤマコウ加藤醤油」を使う

# 一度のれんをくぐれば、40年間愛され続ける理由が分かる

老舗のそば店の支店として、約40年前から営業を続けている。「そばは本当に奥が深い」と話す店長がこだわるのは、おいしさの基本となるつゆ作り。ダシは利尻昆布と宗田ガツオ、ムロアジ、本枯の3つの節をブレンドし、風味がぶれないよう気温や湿度にも配慮する。そこに秘伝のかえしを合わせて、コクと香りの高いつゆに仕上げる。ボリューム満点のセットメニューも豊富。

店内にはカジュアルな和の雰囲気が漂い、通し営業でいつでも気軽に立ち寄れるのも人気の理由だ。

見た目も楽しい舟盛りそば。季節の素材を使った天ぷらは2カ月ごとに新しい味に。素材により価格変動あり。「季節の天竜そば」1419円

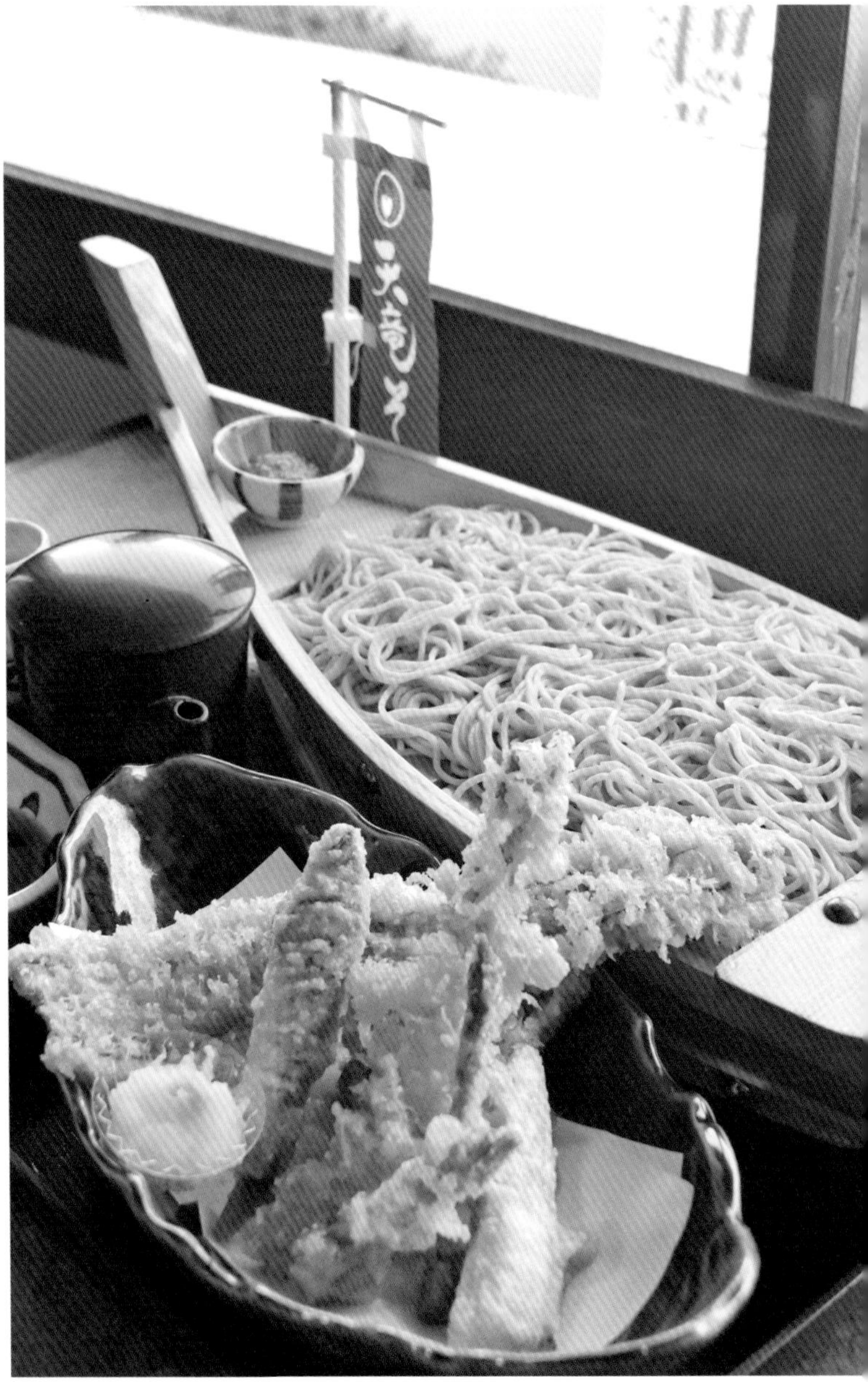

天丼はエビ天2本と野菜天2種。甘めのタレでご飯が進む。麺はうどんまたはそば、温・冷から選べる。「天丼ランチ」935円

飯田街道沿い。純和風の建物で駐車場も広々

情緒のある和空間。BGMもゆったり和風で

**〈お店から一言〉**

冬期の「季節天ざる」は、岡山産の旬の大粒の牡蠣と冬野菜を使った天ざると、牡蠣鴨せいろです。牡蠣と鴨の旨味がそば汁とマッチし、大変おいしく出来上がってます。（店長・登澤さん）

### 天竜そば《てんりゅうそば》
## ニュー藤屋《にゅーふじや》 渡瀬店《わたせてん》

浜松市南区 map：P70 G-2

☎053-461-3566
住 浜松市南区渡瀬町2
営 11:00〜22:00(21:30LO)
　※ランチメニューは
　　平日16:00まで
　　土日祝15:00まで
席 テーブル40席、座敷48席
休 無休　P 22台
※PayPay、au PAY、d払い、メルペイ可

「甘鯛煮付け」3600円。地元舞阪港であがった甘鯛を絶妙な加減で煮付ける。素材と職人の技が存分に味わえる和食ならではの逸品

いかにも和食店らしい、こじんまりした玄関

落ち着きと親しみ、カウンター越しに店主の笑顔がのぞく

**〈お店から一言〉**

夫婦二人でやっているアットホームなお店で、親しみやすさを心がけています。ランチ以外の定食メニューは予約をお願いします。（大将・石塚さん）

**和食**

## 天将

わしょく てんしょう

**浜松市中区** **map：P70 F-3**

☎053-466-0385
住 浜松市中区領家2-23-20
営 11:30〜13:30LO
17:30〜21:00LO
席 テーブル14席
カウンター4席
休 火・水曜
P 共同18台
※PayPay可

「豚ロースたまり焼定食」厚焼きたまご・野菜炊き合わせ・ライス・赤だし付き2200円。自家製たまりを使って和風に焼き上げる夜の人気メニュー

# 得意の天ぷら、煮魚から肉料理まで、和食一筋50年の技が気軽に味わえる

ホテル修業の後、「天将」を構えて和食一筋50年。今でも自ら市場に出向き、目にかかった材料のみを仕入れる。得意は天ぷら、煮魚だが、唐揚げやフライといったメニューをそろえているのは「気軽に和食を楽しんでほしい」という思いから。粋を感じさせる庶民的な和食店である。

ランチは天ぷら、甘辛いタレが好評の天丼、トロっと濃厚たまごの親子丼の3種が1000円（親子丼）からとお手頃。仕込みの準備にも手抜かりはなく、ダシをとる香りに思わず食欲がそそられる。

## 揚げたての串揚げはサクサク、サービスランチはまさに庶民の味方

串の具材は旬の素材を取り入れ、約40種類を常に用意。カウンターの奥から響いてくるパチパチジュワジュワっという串を揚げる乾いた音に食欲をそそられる。

揚げたてで運ばれる熱々の串揚げは、薄衣でサクッと軽い口当たり。揚げ油には100%のコーン油を使用。取り上げる際は串を回して油を飛ばすことで、カラッと揚がってサクサクの食感を生み出している。衣に生パン粉を使うのもこだわりだ。「お子さんから年配の方まで幅広く串揚げのおいしさを楽しんでもらいたい」と店長。16時までランチを利用できるのも便利。関西風の庶民的な串揚げは手ごろな価格で、おなかを十分に満たしてくれる。

4種の串揚げとうどん、五目ご飯、漬物がセット。リーズナブルでボリュームも十分。月～土曜に提供。「うどん串揚げランチ」836円

熱々の串揚げを心ゆくまで堪能できる。ソースはタルタル、トンカツ、ニンニクの3種類。「おまかせ串ふらいコース」は1本66円～330円

浜松街中で50年以上続く串揚げ専門の店

カウンター前で職人が串を1本1本揚げていく

**〈お店から一言〉**

串揚げは1人で30本以上召し上がる方も。揚げたてのおいしさは格別です。どうぞ気軽に立ち寄ってください。（店長・山口さん）

## 串とも 肴町店

くしとも さかなまちてん

浜松市中区 map：P74 E-5

☎053-452-3939
住 浜松市中区肴町313-10
営 11:00～22:00（21:30LO、ランチは11:00～16:00）
席 テーブル12席、カウンター12席、座敷65席
休 無休 ※12/31・1/1は除く
※PayPay、d払い可

CARD

刺身、焼き魚、フライなどの定食をはじめ、天重、海鮮丼、うどんなど、魚介中心のメニューが並ぶ。ランチは850円から

## 選び抜いた魚介や野菜を素材の味を生かして仕立てる

　創業27年を数える地域密着の和食処。通りから一本入った目立たない場所にありながら、確かな味とアットホームな雰囲気を求め、連日なじみ客が集う。料理は市場で仕入れる魚介や地場の野菜が中心。素材本来のおいしさを生かした調理法で〝和食の王道〟を提供する。

　看板メニューは二つ。一つめはサクサクの衣が特長の天ぷらで、良質な油で素早く揚げることで具材の味をしっかり閉じ込める。二つめは刺身。刺身好きの店主が選び抜いた近海の鮮魚を、こだわりの地酒とともに堪能できる。「白身魚の刺身はレモン塩がおすすめ」など、意外な食べ方を教えてくれることも。時間によっては混み合うこともあるため、予約がおすすめだ。

### 御食事処
### たかみ

浜松市西区　map：P73 B-4

☎ 053-485-0368
住 浜松市西区西山町107-6
営 11:30～14:00
17:00～21:00
席 テーブル12席、カウンター5席
座敷40席
休 月曜
P 10台

〈お店から一言〉
お客様に喜んでもらえるよう、質の良い料理をリーズナブルに提供しています。こだわりの地酒もおすすめです。（店主・本樫さん）

家庭的な内装。1階と2階に座敷席を備える

宴会や法事メニュー、仕出し弁当にも対応

長年通う市場で独自のルートを築き、質の良い鮮魚をリーズナブルに仕入れる。おすすめは「刺身盛合せ（2～3人前）」2000円～2500円

「さかな定食」お造り・小鉢・付け合せ・フルーツ付き1430円。平日限定だが昼夜OK。ミニ天丼はご飯が単品の7割ほど

# 浜名湖を見ながら海の幸に舌鼓、食べ応えも満足度も太鼓判

風光明媚な浜名湖の古人見地域で、半世紀を超える歴史を持つ魚料理の名店。地元浜名湖産をはじめ、全国各地の産地から旬の魚を取り寄せ、食べ応え満点の料理に仕立てる。看板メニューのランチに付くミニ天丼は「これでミニなの?」と思わず聞き返してしまいそうなほどのボリューム感。父の代からの味を引き継ぐ少し甘めのタレはコクがあり、浜名湖流ともいうべき味わいだ。

二代目店主は町の祭りなどにも参加する気さくなキャラクターで、地元で愛される人気店となっている。浜名湖の風景を見ながら、至福の時を過ごそう。

和食処
## 魚すず
わしょくどころ うおすず

浜松市西区 map:P75 C-5

☎053-485-0855
住 浜松市西区古人見町980-4
営 11:30～14:00
17:00～20:00LO
土・日・祝17:00～21:00LO
席 テーブル8席、カウンター4席
座敷18席
休 水・第1第3火曜
P 15台

〈お店から一言〉

限定となる自慢のイワシ定食は、入荷の際に入口にのぼりを立てます。もちろん他のメニューもおすすめですよ。(店主・鈴木さん)

座敷席の窓からは浜名湖が一望できる

店の前に"イワシ定食"ののぼりがあれば入荷の合図

「カツオの刺身」1100円。味も食感もしっかりと楽しめるカツオファンのための一皿

牛ハラミ丼、牛タンカレーなど10種類以上のメニューから日替わりで提供。写真は牛焼肉定食。「日替わり昼定食」500円（ご飯並盛）

木の家具の一部には再利用した木材を使用

五社神社近く。「肉」の突き出し看板が目印

焼きたてでジューッと音を立てながら運ばれる豚肉は肉厚、ジューシーでやわらかい。「榛名豚のトンテキ定食」1000円（ご飯並盛）

## 精肉店が営む肉食堂。昼定食500円のクオリティーに満足

創業72年の精肉卸店「浜名屋」が運営する食堂で、肉がメインの定食2種類を提供する。「うまい肉というと値段が高いイメージがある。もっと気軽に食べてもらいたいと思い、店を開くことにしたんです」とオーナーが語る通り、素材をよく知る専門店だから肉のクオリティーは間違いなし。安価で楽しめる定食に大きな満足感を得られるはずだ。むき出しのコンクリートを生かした空間も雰囲気がよく居心地良し。

**〈お店から一言〉**

ご飯大盛り・特盛は＋100円。「日替わり昼定食」は牛・豚・鶏と肉の種類もいろいろ。気軽に食べにきてください。（オーナー・細川さん）

### 浜名屋食堂《はまなやしょくどう》

浜松市中区　map：P74 E-5

- ☎080-4858-0999
- 住 浜松市中区利町305-1
- 営 11:00〜16:00（15:30LO）
- 席 カウンター11席
- 休 日曜・祝日・水曜不定休

## 丼の中は無限の可能性。夢とおいしさがつまった小宇宙

オープンからまもなく20年を迎える、地元に愛されるリーズナブルな店。フレンチ出身のシェフが見いだした最高の料理は「丼」。季節のさまざまな食材や、和洋中のテイストを「一つの丼に入れることによって、ジャンルを超えたオリジナリティーあふれる料理に昇華する。独創的にアレンジされた「フォアグラ丼」は、洋風味を生かしたモダンな味付け。その個性あふれる味わいに、世代を超えたファンが市内外から集まり、丼の中の小宇宙に魅了されている。

座敷席を中心とした、家庭的な雰囲気

ご主人は「ふじのくに食の都仕事人」の称号を持つ

「日替わりランチ」汁・茶そば・漬物・デザート付き880円。旬の食材をリーズナブルに味わえる日替わりは大人気。「秋サーモンのグリルととろろ入りたまご焼」

「フォアグラ丼」開店から続く看板メニュー、ガーリックでソテーしてあり香ばしさが際立つ。汁・茶そば・漬物・デザート付き1650円

**〈お店から一言〉**

丼の中には「おいしさ」という福がいます。ぜひその福に会いに来てください。（店主・久保田さん）

### 丼厨房 シェ・くぼた《どんぶりちゅうぼう シェ くぼた》

浜松市浜北区　map：P74 H-3

- ☎053-586-9901
- 住 浜松市浜北区善地389
- 営 11:30〜14:00
  18:00〜21:00
- 席 テーブル12席、カウンター4席
- 休 木曜
- P 8台

「上天重セット」エビ2本に野菜天4種のボリューム満点セット。そばツユと同じベースの甘めのタレ。ざるそば・冷ややっこサラダ・漬物付き1350円

夕方から夜はバーとして営業する

昨年リニューアルし、ダイビングショップも併設された

「天ぷらカレー南ばん」950円。かつおダシとかえしのつゆに辛めのカレーがマッチ。サクッとした天ぷらと一緒に食べるとうまさも倍増

## リニューアルしても伝統は不変。戦前から続くそばやカツ丼が自慢

創業93年、かつては浜松駅前で営業していた戦前から続く老舗そば店。創業時に弟子たちでのれん分けしたこともあり〝分店〟と呼ぶ古くからのファンも多い。昨年店舗をリニューアルしモダンな雰囲気の店内になった。少し甘めのつゆ、丁寧に打ったコシがあるツルっとした細めのそばののど越しは、伝統ある「東京屋」の味を今に引き継いでいる。

**〈お店から一言〉**

素材にこだわったそばと料理を出しています。冬は味噌煮込みうどんも人気なのでぜひ。(店主・根木さん)

### 東京屋《とうきょうや》

浜松市中区　map：P71 C-2

☎053-452-8666
住 浜松市中区西伊場町58-12
営 火～土曜11:00～14:30(14:00LO)
日曜11:00～15:00(14:30LO)
17:00～21:00(20:30LO)
※バーは火～土曜18:00～23:00
席 テーブル16席、カウンター6席
座敷6席
休 月曜、毎月1・2日
P 9台

## 黒糖のタレがたまらない！初めて訪れるなら「天丼定食」を

地域の食事処として30年近く愛される和食店。天ぷらや魚介料理など、和食一筋の店主が生み出す本格的な味わいと人情味あふれるサービスが人気だ。名物は、崩れそうに見えるほど高くそびえ立つゴボウ天をはじめ、10種類以上の天ぷらがのった「天丼」。具材の特徴を引き出すほんのり甘辛い黒糖のタレとサックサクの衣がたまらない。途中で温泉卵を絡めることで〝味変〟を楽しめるのも特長だ。

**〈お店から一言〉**

すべて手作りの料理が自慢です。お食事からお酒の席まで気軽にご利用ください。宴会座敷も用意しています(店主・中村さん)

和食
### なかむら

浜松市東区　map：P72 F-6

☎053-463-4345
住 浜松市東区上西町41-26
営 11:30～13:30
17:30～22:00
席 座敷18席、小上がり8席
カウンター8席
休 月曜(不定休あり)
P 16台
※カード使用夜のみ

CARD

小上がりや個室座敷などのんびりできる空間

家族での食事から居酒屋利用まで幅広く対応

魚介を中心に数えきれないほどの具材を散りばめた「海鮮バラちらし御飯重」1650円。味噌汁、小鉢、漬物、デザート、温泉卵付き

「天丼定食」1330円。インパクト大の天丼に、味噌汁、小鉢、漬物、デザート、温泉卵付き！
大盛りの無料サービスもあり

## 手頃な価格で旬の鮮魚を味わえる、住宅街の一角に佇む隠れた人気店

住宅街の一角に3年前にオープン。本格派ながら手頃な値段と肩肘張らない雰囲気で、常連客を増やし続けている。腕を振るうのは店主・加藤祐司さん。四季折々の食材を、浜松や大阪で培った匠の技で本格和食へと仕上げる。

特に力を入れるのは魚料理。近海で獲れた鮮度抜群のカワハギやキスの旬魚はカウンター奥の生けすで活かし、定食や一品料理でさばきたてを提供。特にランチは「手頃な価格で活け造りが味わえる」と喜ばれている。昼は仲間や家族との食事に、夜は日本酒やクラフトビールを嗜みながら…。さまざまなシーンで重宝する便利な店だ。

「和楽膳」1760円。刺身、煮物、揚げ物、茶碗蒸しなど、色とりどりの料理が登場するお得な昼メニュー。冬は小鍋が付くことも

「活あじ定食」1650円。生けすの魚を使った定食のほか、天丼や海鮮丼などの丼物、アジフライやヒレカツなどの揚げ物も人気

住宅街の道沿いにあり、エンジ色の看板とのれんが目印

掘りごたつの座敷でゆったり食事を楽しめる

### 〈お店から一言〉

秋から冬にかけてはウマヅラハギやワカサギがおすすめです。また、予約制でフグやスッポンも提供できます。(店主・加藤さん)

食彩和楽
## かとう

浜松市中区　map：P71 C-1

☎053-401-3551
住 浜松市中区蜆塚4-8-8
営 11:30〜14:00(LO13:30)
17:30〜21:00
席 座敷16席、カウンター7席
休 月曜
P 6台

# あふれんばかりの盛り付けと品数、浜名湖の旬をおなかいっぱい味わう

浜名湖・遠州灘のタイやアジ、サヨリ、セイゴ、コチなど、旬の幸を贅沢に使用する人気の和食老舗店。やはりおすすめは、その日仕入れた新鮮魚介を盛り込んだ定食メニュー。刺身や天ぷらをはじめ、煮物、焼き物、フライと、素材の特長を生かした料理が6〜7種類登場し、平日限定の昼定食なら1000円以下で味わえる。「料理がぎっしりと並んだお盆にみなさん驚かれますね」と語る店主。

もうひとつ特徴的なのは、店内の雰囲気。玄関に入ってすぐに目に飛びこむ巨大な恵比寿&大黒像をはじめ、年代物の壺や皿など骨董品がズラリと並び、ゲストの目を楽しませてくれる。奥の座敷席から眺める日本庭園も必見だ。

平日限定の昼定食は950円から。写真は、入口に掲げられた「本日のおすすめ」の一例「地魚3種盛り刺身定食」1300円

豪快に盛り付けられた地魚フライとステーキをメインに計9品の料理が並ぶ「地魚フライと豚肩ロース和風ステーキ定食」2500円

イオンモール浜松志都呂からほど近い純和風家屋の建物

骨董品と日本庭園が見どころの広々とした畳部屋

**〈お店から一言〉**

浜名湖のキスやハゼなど、旬の食材を使った"ふるさとの味"をおなかいっぱい味わってください。ふっくらやわらかいうなぎ料理も名物です。(店主・伊藤さん)

うなぎ・和食処

## 万松《ばんしょう》

浜松市西区　map：P75 D-6

☎053-448-9626
住 浜松市西区志都呂2-20-16
営 11:00〜14:00
17:00〜20:30(LO)
※昼定食は平日昼のみ、天ぷら定食は平日夜のみ
席 テーブル48席、座敷110席
休 火曜、第1・3水曜
P P60台(大型バス可)

## 麺もご飯物もお任せ 行楽の際に立ち寄りたい麺処

麺とご飯物、どちらもボリューム満点のメニューが楽しめる和食処。細めの麺はコシがあって食べやすく、ダシの効いたつゆはやや甘め。揚げ油にゴマ油をブレンドした天ぷらは風味が良くサクッと軽やか。「一つひとつ心を込めて作っている」と話す店主は、15歳から麺処で修業し、55年のキャリアを持つ。接客は奥さんが中心。元気なその声に気持ちが明るくなる。

ぷりぷりの小海老と野菜の天ぷらを盛り合わせた看板メニュー。麺はそば・うどん（温・冷）が選べる。「小海老おろし」1150円

ハーフサイズ天丼、ミニ麺（そばorうどん）のセット。サラダ、デザート付。女性にも人気の「チビ天丼セット」1100円

ゆとりのある店内は座敷とテーブル席を用意

田町から移転し15年。通い続ける常連も多い

**〈お店から一言〉**

いつも笑顔で大きな声は、お客様から「元気がもらえる」と言っていただくことも。明るく元気なスタッフがお迎えします。（店主奥さん・小藪さん）

### フラワーパーク 三州庵

ふらわーぱーく さんしゅうあん

浜松市西区　map：P75 D-4

☎053-487-3115
住 浜松市西区平松町108-3
営 ランチ11:00～14:30
ディナー17:00～20:30
（土日のみ）
席 テーブル16席、座敷20席
休 木曜・第3水曜
P 16台

## さりげなく握られた美しさに、すし一筋55年の技を見る

中高年を中心に地元客に親しまれる、まさに「町のおすし屋さん」といった風情の店。毎朝仕入れる新鮮な魚介類を、この道55年の大将が手際よく美しいすしに仕立てる。技術の向上には余念がなく、「すしの修業になると思って」と始めた切り絵は今や玄人はだし。店内には自作がずらりと並び、料理とともに客の目を楽しませている。繊細な指先で握られるすしの確かな美味を堪能したい。

切り絵に加え歴史好きの大将の趣味が映える店内

街道沿いに建ち、地元に愛される落ち着いた店舗

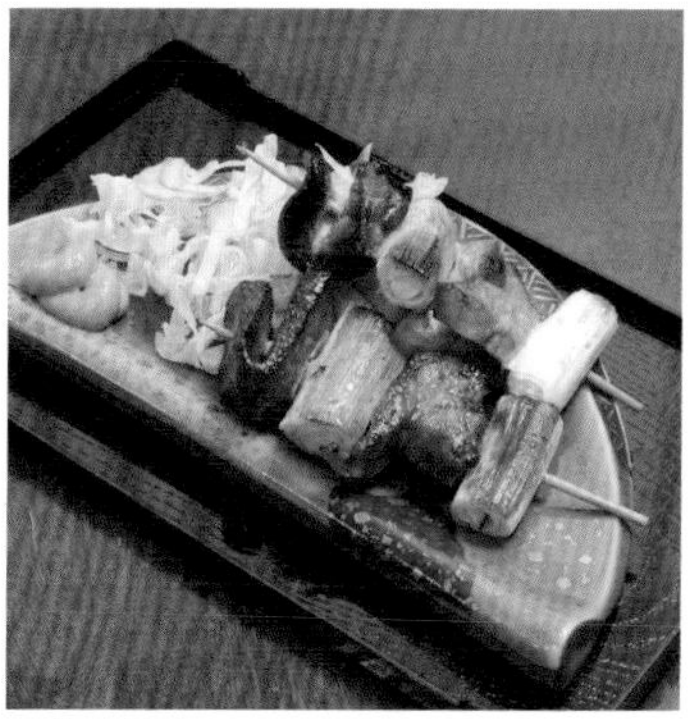

マグロを醤油ベースで味付けした「ねぎま」550円。ねぎまは元々、ネギとマグロをとり合わせた料理といわれ、その原型が味わえる一品

「おまかせ寿司」吸い物・果物付2200円。市場で仕入れたその日の活きの良いネタで握ったボリューム満点の特上すし12貫

**〈お店から一言〉**

季節のすしネタを多くそろえています、ぜひごゆっくりご賞味ください。（店主・村上さん）

### 菊豊寿司

きくとよすし

浜松市南区　map：P71 D-3

☎053-442-2584
住 浜松市南区東若林町1307-1
営 17:00～21:00
席 カウンター8席、座敷10席
休 水・木曜
P 8台

人気ランチは良心価格が魅力。先払い制でテイクアウトも同額。巻き物1本追加の大盛りは＋250円。「日替り寿司ランチ」並盛550円

## 毎日通いたくなる老舗すし店。550円の握りたて人気ランチを気軽に

浜松駅南に店を構えてもうすぐ100年。老舗すし店というと近寄り難い印象があるが、550円で「寿司ランチ」が味わえる同店は一人で通う女性の常連客も多いという。昼からカウンターに座り、握りたてをつまめるのは何とも贅沢。先代が45年ほど前に始め、今も価格を変えずに受け継がれている名物だ。

「すしは日本人のソウルフード。ランチで気軽に味わっていただきたいですね。いつも通ってくださるお客様へ、感謝の気持ちを持って握っています」と三代目の横田さん。夜も普段使いの客が多く、気取らない雰囲気が漂う。予約時に予算を伝えておけば、心置きなく老舗の味が堪能できる。

### 末広鮨

すえひろすし

浜松市中区 map：P74 G-6

☎053-452-6288
住 浜松市中区砂山町360-6
営 ランチ11:30～13:30
ディナー17:00～21:30
席 テーブル12席、カウンター8席
ソファ23席（※2階・10名以上・要予約）
休 水曜・第2火曜

**〈お店から一言〉**

お祝いごとで利用してくださる方も多いです。ディナー時間は来店前にお電話をいただけると助かります。（店主・横田さん）

すし職人による握りたてのすしを堪能できる

浜松駅南のサザンクロス商店街の東入口にある

見ると笑顔になれそうな軍艦巻。三代目の女将が握る「ハートのいくら」一貫440円

## すしで満腹になりたい人におすすめの魚屋が営む寿司店

鮮魚店を継いだ二代目が営むすし店。2020年に富塚町から神ケ谷町に移転した。「魚のことなら誰にも負けないよ」と熱い反面、「すしの専門ではないですよ」と謙虚だ。自ら浜松中央市場に出かけ、新鮮で安い魚を競り落とす。

その日の競りでネタは変わるが、海鮮メニューのうおたか丼1200円、プラチナうおたか丼1800円、握りずしの大将おまかせ握り1200円、特上握り1800円、いずれも鮮度は保証付きだ。「数が多くておなかいっぱいになりました」「ネタがすごくてご飯が見えない」「食後のコーヒーのサービスがよかった」と人気だ。郊外にありながら女性客、ビジネスマン、家族連れなど幅広い客が訪れている。

「大将おまかせ握り」味噌汁・小鉢付き1200円。人気のネタ14貫のボリュームいっぱい！食べ応えありの人気メニュー

「日本人は魚だ」と書かれたのれんに店主の心意気が感じられる

店舗は新しく、雰囲気も抜群。家族連れにもぜひ

〈お店から一言〉

自家製ネギトロ30分食べ放題の"無限ネギトロ丼"も大好評開催中！現在の最高記録は1.8kgです。（大将・内藤さん）

「うおたか丼」味噌汁・小鉢付き1200円。マグロ、マダイなど季節のネタ5～6種に自家製ネギトロを加えた人気抜群の一品。各テイクアウトもOK

### 二代目うおたか《にだいめうおたか》

浜松市西区　map：P73 A-6

☎053-522-9509
住 浜松市西区神ヶ谷町9000-4
営 平日11:00～14:00
土・日・祝11:00～15:00
席 テーブル18席、カウンター8席
休 不定休
P 8台

## 愛情たっぷりの家庭料理は、元気をもらえる庶民の味方

浜松駅南の大通りから1本入った住宅街の道沿いにあり、今年で6年目。「毎日食べても飽きの来ない食事を」という女将さんの思いがこもった定食がそろう。

店の二大看板・コロッケと唐揚げを盛り合わせた「コロ唐」のほか、赤魚を野菜あんかけにした「おさかなランチ」「チキンの南蛮風」など、どれもオーソドックスでありながら愛情たっぷりで、まさに母の味といったところ。遠州産を中心とした素材を使ったおかずも、和洋中を問わずすべて手作り。

近所の常連から営業回りのビジネスマンまで客に愛される地域の台所で、明日もまた頑張ろうと元気がもらえるような食堂だ。

「コロ唐ランチ」はサクホロのコロッケと生姜と醤油味のジューシーな唐揚げはともに手作り。見た目のインパクトに驚くが、手作りの優しさがさらに心地よい。4品盛り付き990円

「五目あんかけやきそば」1000円。12種のボリューミーでバランスよく海鮮、野菜類を塩ベースであっさりと仕上げる

浜松駅南の住宅街でありながら高い人気を誇る

小上がりの他、カウンターもあり居酒屋的にも楽しめる

**〈お店から一言〉**

冬は浜名湖産カキフライ、夏は冷やし中華など、季節感のあるメニューもご用意します。お楽しみください。（店主・田中さん）

お食事処
### さや
おしょくじどころ さや

浜松市南区 map：P70 F-3

☎053-545-6547
住 浜松市南区楊子町552-2
営 日火水木 11:00〜21:00
(LO20:30)
金土 11:00〜22:00
(LO21:30)
席 テーブル35席
カウンター10席
休 月曜 P 16台
※PayPay、d払い可

CARD

「オールいわし定食」は南蛮漬け・刺身・旨煮・天ぷら・味噌汁・ご飯・漬物付き1400円。
脂ののったイワシのおいしいところ尽くし！ランチタイム限定の一番人気セット

## 魚の仲卸が手掛ける専門店で イワシの醍醐味を味わう

魚の仲卸を50年以上生業とする「渡信」が始めたイワシ料理専門店。浜松中央市場に卸される新鮮なイワシをはじめ、日本各地の旬の魚が市場直送で店に集まってくる。「イワシは栄養価が高くヘルシーで、何よりおいしい魚ですからもっと食べてもらいたいです」と店長の横山さん。

オーナーが魚の仲卸だけに、魚介の鮮度も折り紙付き。魚の持つ高い栄養価や、ビタミン、ミネラルなども生かしたメニュー作りに取り組むなど魚への愛とプライドにあふれている。〝浜松に行ったらここ〟という旅行客のファンも多い。イワシ料理の醍醐味を手頃に楽しみたい人におすすめの名店だ。

いわし料理
### 浜膳
いわしりょうり はまぜん

浜松市中区　map：P71 D-2

☎053-452-1048
住 浜松市中区鴨江町21
営 11:30〜13:30
17:00〜22:30 LO22:00
席 座敷テーブル8席、カウンター7席
宴会場30席
休 日・第１第3月曜
P 4台
※PayPay可
CARD

〈お店から一言〉
ありったけの愛情をこめて料理しています。ランチは1100円からなのでぜひご賞味ください。（店長・横山さん）

和風の店内、２Fには30名まで対応の広間も完備

鴨江小路沿いで、浜松駅からのアクセスも便利

「刺身の盛り合わせ」1650円。イワシに加え、旬の魚が味わえ、お酒にもピッタリ。″イワシ以外にも自信あり″を体現する一品

「カキフライ膳」紫黒米など選べるご飯・茶碗蒸し・ミニサラダ・ミニお造り・炊合せ・漬物・味噌汁
カキフライ5個は2000円、同3個は1800円。売り切れ御免の看板メニュー

## 鮮度が自慢！浜名湖で朝採りした冬季限定カキフライ定食が人気

冬場になるとカキ料理を求めて、遠方から通が訪れるという料理店。浜名湖のカキは身が大きく、ミネラルも豊富、なにより濃厚な味わいが特徴。そんな地域自慢のカキを、板前さんの実家が養殖業をしていることで、「朝採りしたカキを直送でどこよりも早く仕入れることができます。鮮度と味の濃さには絶対の自信があります」と女将さんは胸を張る。

おすすめは「カキフライ膳」1800円。一口で頬張れない大きなカキ3個に茶碗蒸し、ミニサラダ、ミニお造り、炊合せ、ごはん、味噌汁が付く。豚の角煮も人気で、箸で切れるほどトロトロでおいしいと喜ばれている。

**和Caféごはん**
### ひいらぎ
わカフェごはん ひいらぎ

**湖西市** map：P75 A-6

☎ 053-594-6283
住 湖西市新居町中之郷4096-2
営 11:00～14:00
17:00～19:30
席 テーブル20席、カウンター7席
休 火曜 第3・第5水曜
P 8台

**〈お店から一言〉**
ランチはメインのおかずが5種類ほどから選べる形になっています。夜ランチもやってますのでぜひ。（店主・夏目さん）

丁寧に作られた和食を堪能できる大人の癒やし空間

オープンから21年目、この場に移転してからは7年

「豚角煮膳」1600円。カキフライ膳と同じセットが付く。2日にわたり煮込む手間のかかった一品。こちらも売り切れ御免の人気メニュー

# 開店1分で満席の海鮮食堂
# 鮮魚店ならではのお得な丼がずらり!

「丼は見た目にも華やかな方がいいよね」と惜しげもなく盛られたネタの数々。エビにマグロにタイ、カンパチ、タコ、ホタテ貝、サーモン。この値段で大丈夫と心配になるほどだ。

辺りは太田川沿いの静かな住宅地だが、ひとたびのれんをくぐるとそこは別世界。開店後すぐ満席になってしまうという繁盛店で、広い店内はいつもにぎやかな雰囲気だ。魚屋直営だから新鮮、うまい、豪華、お値打ち!「お好み三食丼定食」「海鮮丼ランチ」など定食類が20種そろう。

長年鮮魚店を営むご主人が、「魚屋の小売価格で食事を提供したい」と料理店を始めたのは11年前。「うちは利益率が低いと思うよ。その分大勢のお客さんが満足してくれれば」と客が喜ぶ定食を毎日作り続けている。

「海鮮丼ランチ」1300円。味噌汁、漬物、小鉢、サラダ付き。赤エビやマグロ、カンパチ、イカ、ホタテなど10種類もの魚介がのった豪華版。テイクアウトは1000円

「ぶりかま(焼き)」800円。脂がのったブリは産地直送で入荷。秋から冬の季節限定の人気の一品

隣は店主が営む魚店。「いっき」同様、新鮮な魚介が並ぶ

60席ほどの広い店内。椅子席の奥に座敷がある

**〈お店から一言〉**

注文が入ってからさばく作りたてを召し上がってください。テイクアウト、隣の魚店もよろしくお願いします。(店主・一木さん)

海鮮亭
## いっき
かいせんてい いっき

森町　map:P78 G-3

☎0538-85-3698
住 森町飯田3185-8
営 11:00〜14:00、17:00〜21:00
席 テーブル48席、カウンター8席 座敷50席
休 月・第3火曜
P 45台

身が締まっていて色がきれいなシラスをたっぷり盛り付けた「釜揚げしらす丼」900円

## 福田漁港に揚がるシラスを太平洋を望みながらいただく

「福田漁港の名物である新鮮なシラスをたくさんの人に食べて知ってもらいたい」。そんな思いから地元の漁師とその奥さんたちが2016年、「渚の交流館」内に共同でオープン。出漁の時期と日によって運が良ければ生のシラスが味わえる。いつでも食べられる釜揚げのシラスもふっくらとしていて美味。「福田のシラスは鮮度が良く、色白で身が締まっていて甘味も強いんだ」と代表の安井さんは自慢気に話す。

名物は「しらす丼」だけではなく、漁港ならではの海鮮メニューが豊富にそろう。600円の「まぐろ丼」は、醤油漬けとタタキがのったお得な一品だ。味噌汁は魚のアラからダシをとっているから旨味たっぷり。太平洋の景色とともに楽しもう。

### 漁師のどんぶり屋《りょうしのどんぶりや》

磐田市　map：P76 H-6

☎ 090-4400-7992
住 磐田市豊浜4127-43
営 平日11:00～14:00LO
土日祝 10:30～15:00LO
席 テーブル76席、座敷12席
テラス36席
休 火曜　※祝日の場合は翌日休み
P 200台

**〈お店から一言〉**

土日の混雑時は特にスピーディーな提供を心掛けて、お客様をあまり待たせないよう努力しています。（代表社員・安井さん）

館内は3店が併設され、共有スペースで食事ができる

目の前が遠州灘というロケーションも人気の秘訣

マグロの醤油漬けとタタキ身の2種類が味わえる。小鉢1品と味噌汁付のお得な「まぐろ丼」600円

## 地域御用達の食事処
## 手間暇かけた料理はまさに職人技

「静岡県人気仕出し50選」に選ばれた和食と仕出し弁当の店で、ご主人は日本料理一筋35年の職人。地場の野菜や近海の鮮魚など、旬の食材のおいしさを最大限引き出しつつ、彩りを考えた盛り付けに心血を注いでいる。ダシにもこだわりがあり、塩焼きした甘エビを丸一日かけて煮詰めることで、絶妙な旨味を引き出す。

「本格和食をリーズナブルに味わえる」と地元から愛される人気店で、手間暇惜しまず丁寧に作られる仕出しは、今や地域の行事には欠かせない存在となっている。

**御食事処**
### 青苑《せいえん》

**磐田市** map：P76 E-5

☎ 0538-35-0015
住 磐田市小島578-2
営 11:30～14:00
17:00～20:30
席 テーブル14席、カウンター8席
座敷24席
休 月曜(他不定休あり)
P 8台

**〈お店から一言〉**

地域から長年ご愛顧いただいています。四季折々の旬を感じる和食と安心・安全な仕出し弁当をご賞味ください。(店主・月舘さん)

テーブル席のほか20名以上収容の座敷席も

藍色の看板を目印に。店舗入口は建物左奥

「静岡県人気仕出し50選」にも選ばれた仕出し弁当は、予算に応じて対応。法要や祝いの席で引き合いが多い

定食、丼、うどん・そば、ラーメン、お好み焼きなどメニューは幅広い。
ランチは刺身と天ぷらが付く「青苑ランチ」1100円が人気

1つの箱に30種類もの豊富な食材を使用した料理が、彩りよく盛り付けられる。老舗の味に新たなセンスを加えた人気の松花堂弁当「粋泉」1620円

法事や会席の利用も多く広々した座敷完備

1階と2階が客間で白が基調の立派な外観

主人の目利きで仕入れた上質のマグロをはじめ旬の魚介が楽しめるお刺身盛り合わせ(2人前)1650円

## 伝統を守りながら新しい挑戦を続け 菊川で愛される老舗日本料理店

創業100年以上の老舗日本料理店。2015年に祖父から受け継いだ5代目店主の野中さんが、「幅広い客層に来てもらえるよう、老舗の味に新たなセンスを加えたい」という思いで完成させたのが人気の松花堂弁当だ。代々マグロへのこだわりは強く、店主自ら魚市場に出向き、新鮮で上質なものを目利きして競り落とす。リーズナブルでありながら美しく盛られた料理の数々は、和の〝粋〟を十分に感じさせてくれる。

**〈お店から一言〉**

鮮度抜群の高級な部位を仕入れたマグロをご賞味ください。季節料理を目で楽しみながら味わえる日本料理屋です。(店主・野中さん)

日本料理
### たかだや
にほんりょうり たかだや

菊川市　map:P79 D-2

☎0537-35-2167
住 菊川市堀之内1638
営 11:00〜14:00(13:30LO)
席 カウンター5席、座敷70席
個室16席
休 水曜
P 20台

## やわらかで風味豊かな 袋井産豚「粋いき金華」を味わう

1998年に開業し、当初からご飯・味噌汁・キャベツ・漬物がおかわり自由という破格のサービスで、訪れた人のおなかと心を幸せに満たしてきた。風味のよい脂肪と霜降りの肉を併せ持った地元袋井産の豚「粋いき金華」は、甘くて肉質もやわらか。

さらに、うれしいのは子どもメニューもあること。授乳室、オムツ交換台まで用意されている。まさに、家族でおなかいっぱい楽しめるファミリー向けのとんかつ店だ。

和室・テーブル・個室がそろった広々した店内

通し営業なので、遅めのランチに利用できる

小学生まで対象のお子様メニューは全3種類。エビフライかヒレカツを選べ、ドリンクバーも付く。写真は「お子様うどん」748円

国産ロース肉を使用した平日大人気の「ランチロース定食」。150g 1298円・120g 1078円・80g 880円

**〈お店から一言〉**

おいしいお肉は一枚一枚丁寧に手作業でスジ切りをし、食べやすくやわらかくなるよう仕上げます。(店長・鮫島さん)

こだわりとんかつ
### かつ平 袋井店
こだわりとんかつかつへい ふくろいてん

袋井市　map:P77 B-2

☎0538-44-7750
住 袋井市久能1048-1
営 ランチ11:00〜22:00(21:30LO)
※火〜土ランチタイム 11:00〜15:00
席 テーブル52席、座敷22席、個室10席
休 月曜　※祝日の場合は翌日休み
P 24台　※PayPay、au PAY可

CARD

衣に自然薯を混ぜて揚げた甘辛いタレの唐揚げ、とろろ汁、そばがセットになった一番人気の「唐揚げセット」1628円

## 風味豊かなとろろ汁とそばを美しい庭を眺めながら食す

東名袋井インターの近くにある、和風建築の食事処。玄関をくぐると小上がりの座敷が広がり、その先には美しい庭園が覗く。「不老長寿の仙人の館」を意味した店名だけに、健康志向と食材の質にはほかならぬこだわりを持つ。

主役の自然薯は、質の高い茨城産の種芋を仕入れて自家栽培したもので、粘りが強く風味豊かなとろろ汁となる。とろろ汁はサバダシの味噌味と椎茸ダシの醤油味の2種類が用意され、ご飯のお替わり自由なのもうれしい。もう一つの主役はそば。北海道産のそば粉を使用し、その日の朝に打たれた風味豊かなそばを提供する。いずれも素朴だが、体にやさしく豊かな深い味わいが楽しめる。

### 仙の坊《せんのぼう》 袋井本店《ふくろい ほんてん》

袋井市　map：P77 A-2

☎0538-43-1033
住 袋井市山科3250
営 ランチ11:00〜14:30
ディナー17:00〜21:00
席 テーブル28席、カウンター12席
座敷38席
休 火曜
P 35台
※PayPay可

CARD

**〈お店から一言〉**

リーズナブルな価格で用意するとろろ汁やそば、自慢の唐揚げをご賞味ください。（社長・田旗さん）

広々した古民家風の落ち着いた店内

親会社の造園会社が手掛けた立派な店構え

とろろ汁を存分に味わえる当店自慢のメニュー。ご飯のおかわり自由もうれしい「仙の膳」並盛り1078円・大盛り1408円

「餃子＆から揚げ定食」ご飯・スープ付き950円。トマトのチーズ焼759円。晩ご飯としてもおすすめ。餃子は3種の中からオーダー時に選べる

カウンター・テーブル、個室利用も可能な座敷席も用意

店舗は2006年にリニューアル、地元客に加え磐田駅利用者も訪れる

「餃子 おみやげ・贈答用」25g20個入り各700円。おかずとしてテイクアウトできる焼き餃子10個450円も販売中

## しっぺいも応援する磐田を元気にする餃子が誕生

磐田駅近くに店を構えて23年。元気な女将と大将が切り盛りする、料理がおいしいと評判の居酒屋。磐田を元気にしたいと取り組んだのが、地元素材をふんだんに使った手作り餃子。爆烈にんにく・熱狂しょうが・遠州焼きの3種を〝辰味家ぎょうざ〟と名付けて提供している。テイクアウトも利用でき、パッケージには磐田市イメージキャラクター「しっぺい」を起用。土産・贈答用も用意し、街の名物の仲間入りを目指している。

**〈お店から一言〉**

辰味家ぎょうざの素材は地元産、ビールとの相性もバツグン！ アツアツはもちろんですが冷めてもおいしい自信作です。テイクアウト＆焼きもOK。（店長・金原さん）

呑み喰い処
### 辰味家
のみくいどころ たつみや

磐田市　map：P76 F-3

☎0538-33-0388
住 磐田市中泉1-8-8
営 餃子テイクアウト13：00～
17：30～23：00
フードLO22：00、ドリンクLO22：30
席 テーブル4席、カウンター4席、個室座敷3室
休 日曜　P 3台　※PayPay可

CARD

## ジャズが流れる和モダンの料理店 刺身とすしで気分も最高！

50年前に祖父が始めた鮮魚店と仕出しが原点。3代目のご主人は、市場の買参権を持っていた祖父から魚の知識を学び、愛知県蒲郡で修業。遠州灘から三河湾まで、近隣の海の幸を知り尽くしている。

ジャズが流れる落ち着いた店内で「地魚や、食べたことがない魚のおいしさを知ってほしい」と店主。珍しいメヒカリなどが味わえると、なじみ客に喜ばれている。

**〈お店から一言〉**

地産地消をモットーに、魚だけでなく野菜も地物をたくさん使ってます。ぜひ食べに来てください。テイクアウトもやってます。（店主・稔さん）

「魚彦御膳」天ぷら・茶碗蒸し付2000円。上質なマグロに加えその日のおすすめが入った人気セット。ランチは人気の丼が700円～とリーズナブル

肴家
### 魚彦
さかなや うおひこ

磐田市　map：P76 F-3

☎0538-32-2896
住 磐田市中泉4-4-14
営 11：30～14：00
17：00～21：00
席 テーブル10席、カウンター2席
座敷テーブル12席（個室3室にもなる）
休 水曜
P 8台
※PayPay可

CARD

個室にもなる座敷テーブル席も用意

住宅街の隠れ家的な雰囲気が漂う

「とり唐のレモン煮」950円。甘ずっぱい風味とレモンの香りが利いた蒲郡仕込みの一品で、クセになる味わい

サバとカツオダシに特製味噌で味付けしたとろろ汁、麦ご飯、茶碗蒸し、小鉢など５品が付いた「麦とろ定食」1600円

## スルスル喉を通る自然薯と体にやさしい野草料理を堪能

店の名物はなんといっても「おかわり自由で、7杯も食べた方もいる」というとろろ料理だ。豊岡の自然薯にサバとカツオでとったダシと特製の味噌を丁寧に合わせながら味付けしたとろろ汁は、創業100年以上の歴史を持ち、店主の祖父の代から受け継ぐ逸品。カツオ節は、昔ながらの方法で毎朝使用する分だけ丁寧に削るという。

代々、旅館「豊岡荘はしもと」を営んでいたが、4代目店主の代から食事処となり、料理を通して地元を盛り上げる。「豊岡の野山で採ってくる野草のイタドリやユキノシタ、ヨモギなどを使った料理も喜ばれていますよ」。体にやさしいメニューがそろうほか、地元特産の海老芋を使ったコロッケ（10月中旬〜5月）も人気だ。

料理
### はしもと
りょうり はしもと

磐田市　map：P78 E-3

☎0539-63-0046
住 磐田市下神増1148
営 ランチ11:00〜15:00
ディナー17:30〜20:00
（宴会の場合は延長あり）
席 テーブル16席、小上がり12席
座敷50席、個室8席
休 火曜
P 61台
（とよおか採れたて元気むら共有駐車場）

**〈お店から一言〉**
先代たちが考案した薬草料理のレシピが残されているので、これから徐々に提供していけるように頑張ります。（店主・鈴木さん）

お年寄りも利用しやすい田舎風の店内

とよおか採れたて元気むらに併設した食事処

店主自ら市場に出向き仕入れるエビなどの魚介類や、隣の産直市場の旬野菜、豊岡の山で採る野草を彩り良く盛り合わせた「天ぷら」1000円

## メインに肉と魚の2品が付く日替わりランチがお得!

大正時代に鰻・すし店として創業して今年で60年。現在は地場の食材を使って3代目が腕を振るう。和モダンな外観は一見、おしゃれな居酒屋のようで、「食事はできますか?」とよく尋ねられるという。

食事は丼から定食、すし、うどん、そばまで30種以上で、地酒もそろう。日替わりランチは肉と魚の2品のメイン料理に、味噌汁、小鉢、お替わり自由のご飯が付いてなんと880円。料理はもちろん、味噌汁とご飯も美味で「袋井産の米をガス釜で炊き、味噌汁はカツオと昆布の一番ダシのみ使っている」とご主人。調理に対する姿勢は基本に忠実で、手間暇を惜しまない。会社員から家族連れ、ママ友まで、幅広い層に愛される老舗だ。

座敷でゆっくりできる癒やしの和モダンな空間

住宅街の一角。親子3代で訪れる常連も多い

丼メニューも人気で、写真の天丼のほか、かつ丼、豚キムチ丼と種類豊富。どれも味噌汁、漬物、小鉢が付いて880円

### ともえ

袋井市　map:P78 G-3

☎0538-48-6536
住 袋井市上山梨883-5
営 11:00～14:00(13:30LO)
17:00～23:00(22:00LO)
席 座敷12席
カウンター8席、座敷30席
休 水曜、木曜昼休(不定休あり)
P 10台
※5,000円以上でカード使用可
Paypay可

〈お店から一言〉

野菜、魚、米など、地産地消を意識しながら、安心・新鮮・おいしい料理を提供できるよう心掛けています。(大将・水野さん夫妻)

日曜以外は毎日提供する「日替わりランチ」880円。店主が釣り上げた鮮魚が登場することも。内容はカウンター内の黒板で確認を

「上刺身定食」2035円。生けすからすくってたたきにしたアジにマグロ、イカなど6種類の刺身を盛り合わせる

## 父親が福田沖で釣った魚を、目の前でさばく和食処

国道１５０号沿いにあり、店の前に置かれた釣り船「磯光丸」が目を引く。店内には大きな水槽と生けすがあり驚かされる。カウンターに座ると、魚が泳ぐ水槽から生けすへと滝のように水が流れる様子を見ることができる。親子２代、父親が釣った魚と福田港に揚がった魚を中心に、地のものにこだわる鮮魚が売りの和食処だ。

「釣ってきたばかりの太刀魚は、身がやわらかく骨はパリッと香ばしいよ。冬場のヒラメもうまいよー」と店主。注文すると目の前で魚をさばいてくれる。ランチはメインの料理に刺身と小鉢、ご飯、味噌汁、漬物が付いて１０００円という安さ。日曜日は家族連れが多く、子どもたちは大迫力の水槽に大喜びするそうだ。

### 磯光《いそみつ》

磐田市 map：P76 F-5

☎0538-32-0011
住 磐田市小島985
営 ランチ11:30～14:00（13:30LO）
ディナー17:00～21:00（20:30LO）
席 カウンター10席、座敷24席
個室24席
休 火曜 P 20台

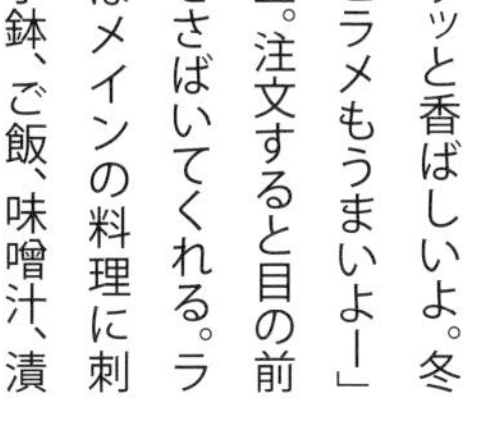

**〈お店から一言〉**

注文ごと生けすから揚げてさばくアジのお造りは、尾が動くほどの活きの良さが自慢です。（店主・松浦さん）

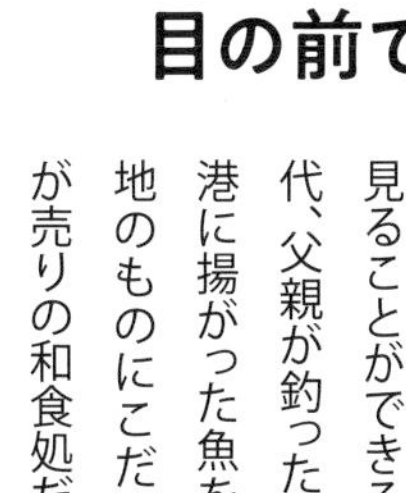

カウンターの前の生けすにはアジやタイが泳ぐ

「いそみつ」の看板が掲げられた玄関

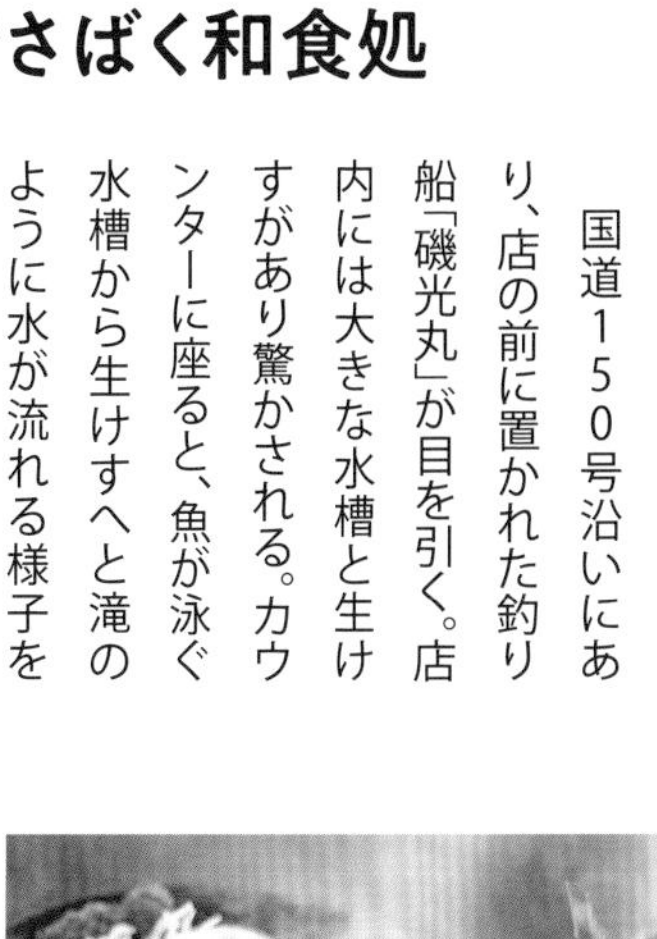

地元で揚がったアジにこだわる「鯵の塩焼き」。店主の父や店主が釣ってきた大きめのアジをフライにした「鯵フライ」。各935円

4種のフライの盛り合わせにサラダ、漬物、味噌汁、ご飯が付いた「本日のボリュームアップ定食」720円（日替わり）

# 大正レトロな雰囲気で 昔ながらの定食&ラーメンを

創業は1926年と古く、今年で95年続く大衆食堂。店名は大正15年、当時最大の娯楽だった無声映画（キネマ）にちなみ、「ハイカラだから」と客に勧められて付けたという。骨董品が並ぶ大正レトロな雰囲気の店内は、心地よいジャズが流れ、喧騒から離れてのんびりできる。

人気ナンバーワンは昔ながらの中華そば。なんと一杯490円という驚きの安さだ。他にもメンチカツ定食680円、唐揚げ定食680円、日替わりランチ680円などお得なメニューが40種類もそろう。名前はハイカラだが、味・量・値段は庶民の味方だ。

## キネマ食堂《きねましょくどう》

掛川市　map：P79 A-1

☎0537-22-4348
住 掛川市下俣173
営 ランチ11:30～13:30
ディナー平日・土曜
18:00～21:00（20:30LO）
ディナー日曜・祝日
17:30～20:30（20:00LO）
席 カウンター3席、座敷12席
個室1室（夜のみ要予約）
休 月曜　P 8台

〈お店から一言〉

今も昔も変わらず、来店していただいているお客様を大切にして、細く長くお店を続けていきたいと思います。（店主・内藤さん）

木の温もりを感じるレトロモダンの店内

旧東海沿いにある、地元から愛される食堂

大正時代からずっと愛されてきた昔ながらの中華そば。ご飯と日替わりのおかず3品、サラダ、漬物が付く「ラーメン定食」730円※ランチ価格

通いたくなる
庶民派
グルメ

# 洋食派

ハンバーグやパスタ、グラタン、エビフライ…。大人も子どもも大好きな洋食派メニューは、懐かしさを覚えると同時に、なんだか新鮮!「ワンプレート」にいろいろな料理を盛り付けたり、「本当にいいの?」という値段でスープやサラダ付きの「セット」を提供したり。通いたくなるどころか、“やみつき”になるかもしれません。

肉、魚、季節の野菜で作る約10品を贅沢に盛り合わせている。パン、スープ、デザート、ドリンク付き。「ワンプレートランチ」1320円

フルーティーな甘味の中にスパイシーな味わいが広がる。パン、サラダ、デザート、ドリンク付き。「カレーランチ」1320円

店内の壁には作家の作品が、ギャラリーのように飾られている

夜はアラカルトもあるが、予約制のコースが中心

## フレンチ感覚のお洒落な一皿で幸せな気分になる

カジュアルにフランス料理が楽しめる洋食店。「木陰に入るように心を休めながら食事を楽しんでもらいたい」というオーナー夫婦の思いが料理にもサービスにも現れ、心地よく過ごせる。

料理は「できる限り地元のもの、旬で生命力のある素材を使うことを意識している」と話す。ランチのワンプレートは、季節の野菜をふんだんに使ったサラダや付け合わせに、魚介のダシを生かしたり、和のイメージで仕上げたりした肉や魚料理が盛られ、驚きの一皿に。事前予約すればオムライスやカレー、ハンバーグなどの洋食も提供可能。家族や友人たちと幸せな時間を過ごそう。

**〈お店から一言〉**

夫婦2人でお客様とのお付き合いを大切にしながら営んでいます。ゆっくりと充実した食事時間を過ごしてください。（オーナーシェフ・平松さん）

欧風料理
### ひらまつ亭
おうふうりょうり ひらまつてい

浜松市東区　map：P70 G-2

☎053-411-8550
住 浜松市東区植松町268−1
ビレッタ第2浜松1階
営 ランチ11:30～15:00（14:00LO）
ディナー18:00～21:00LO
（前日までの予約制）
席 テーブル24席
休 不定休　※電話または店舗にて確認
P 8台
※PayPay可

# 直火で焼き上げるトンテキは豪快！肉好きを魅了する

２０１５年にオープンした、トンテキとカレーを楽しめる店。カナダ産三元豚を使って直火で焼くトンテキが名物。２５０ｇの分厚い肉は、見た目にも豪快で表面にまとった香ばしいにおいが、ジューシーな肉の味わいを引き立てる。

　東京で８年間、料理人をしていた店主は、勤め先でトンテキと出会い、その味に衝撃を受けたという。「料理のことをそれなりに知っているつもりでしたが、『こんなおいしいものがあるなんて』と驚きましたね」と開店のきっかけを話す。さらに「脂がすっきりしているから、女性でもペロリといけますよ」と魅力を語ってくれた。

明るく開放的な店内

カフェのような外観。ブタのマークとスカイブルーの扉が目印

赤ワインをたっぷり使って煮込んだカレーは、まろやかな甘さと辛味が調和する。ミニサラダ付き。「欧風ポークカレー」980円

## シュガー&スパイス

浜松市中区　map：P72 E-5

☎ 053-443-7557
住 浜松市中区早出町851-2
営 ランチ11:30～14:30
（テイクアウト10:30～14:30）
ディナー18:00～20:30
（テイクアウト18:00～20:30）
席 テーブル14席、カウンター5席
休 金曜・木曜夜
P 9台

〈お店から一言〉

豚肉は疲労回復によいとされるビタミンB群がたっぷり。テイクアウトも大歓迎。キッチンカーでも販売しています。（店主・芥川さん）

直火焼きのトンテキは香ばしくてジューシー。和風ダレがご飯にも染みて食が進む。汁物付き。「ガーリックチップトンテキ丼」1300円

# 洋食の王道を貫く ビーフシチューや海老フライ

5日かけて仕込むデミグラスソースにとろとろに煮込んだ肉。ライス、サラダ、味噌汁付き。「ビーフシチュー」1500円（M）

落ち着いて食事のできる空間。BGMはジャズ

駐車場は店から50m先のコンビニ近くにある

やさしいピンクの外観がかわいらしい45年続く洋食店。木の壁と天竜杉の家具が温もりを感じさせる店内で、ビーフシチュー、ハンバーグステーキ、海老フライなど、洋食の定番メニューが味わえる。「ハンバーグは牛肉9、豚肉1の自家製挽肉を使用。5日間煮込むデミグラスソースにも手を抜かない」というシェフ。丁寧な仕事から作られる老舗の味に魅了されるファンも多い。

## キッチン泉《きっちんいずみ》

浜松市中区　map：P70 E-1

☎053-455-3410
住 浜松市中区元目町128-21
営 ランチ11:30～13:30LO
　ディナー17:30～20:30LO
席 テーブル19席
休 日曜
P 3台

〈お店から一言〉

2品が楽しめる日替わりの「サービスランチ」700円もあります。ハンバーグも人気です。ゆっくり過ごしてください。（オーナーシェフ・松下さん）

サクサクの衣に包まれた大きなエビ。自家製タルタルソースがフライをさっぱりと味わい豊かに。ライス、サラダ、味噌汁付き。「海老フライ」1500円

# 平日ランチがなんと500円から。庶民にうれしいスパゲティ専門店

ドリンク付の平日ランチは500円～。乾麺メニュー 36種類。人気の「ベーコンとなすのパルミジャーノがけトマトスパゲティ」988円

生麺と乾麺から選べ、60種類以上の多彩なメニューがそろうスパゲティの専門店。サイズもS～L（150～250g）から選ぶことができ、同じ料金という気前の良さが売りだ。

「安くておいしいがコンセプト」と店長が言うように、おなかいっぱい食べたい人にもおすすめ。喫茶的感覚で通えるコスパ良しの庶民の味方だ。

## スパゲティ ピノキオ 初生店《ピノキオ はつおいてん》

浜松市北区　map：P73 C-2

☎053-414-1878
住 浜松市北区初生町1228-6
営 ランチ11:30～14:30（14:00LO）、
　土日祝11:00～14:30（14:00LO）
　ディナー金土日祝17:30～21:00（20:00LO）
席 テーブル40席、カウンター5席
休 月曜・火～木曜夜　P 16台

〈お店から一言〉

財布にやさしく、おなかいっぱい食べられます。ラーメン店みたいな感覚で気軽に立ち寄ってほしいです。（店長・大山さん）

イカ、エビ、パーナ貝など、魚介の旨味たっぷりの生麺メニュー。4つの辛さが選べる。「シーフードのペペロンクリーム」1241円

緑豊かな店内。入口に樹齢20年のゴムの木も

外観はやわらかなオレンジ色。緑もいっぱい

セットメニューはハンバーグとコロッケが楽しめ、スパゲティ、マカロニサラダ、サラダが付いてお得感たっぷり。パンまたはライス、ドリンク付。人気の「ハンバーグとカニコロッケ」1570円

チキンライスを卵でくるんだ昔ながらのデミグラスソースのオムライス。平日ランチタイムはドリンク付き。「オムライス」1100円

白壁の店内は広く明るく、アットホームな空間に

入口には2人の名前の頭文字からとった「T&R」の看板が掲げられている

# 手作りにこだわる洋食店 味の決め手はコク深デミグラス

山口さん兄弟が30年前に野口町で店を始め、2015年に現在の西塚町へ移転。洋食の王道であるハンバーグやカニクリームコロッケ、オムライスのほか、タンシチューが看板メニューだ。調理を担当する弟の時弘さんは、浜松の老舗洋食店で18年学んだ経験を持つ。「うちはすべて手作りにこだわっている。中でも決め手はソースで、ほかではまねできないのでは」と兄の隆司さんが話すように、デミグラスソースはトマトやタマネギをメインに1週間かけてじっくり煮込む。深いコクとまろやかな甘さが醸し出す味わいは実に秀逸。ここにしかない洋食の奥深さを堪能しよう。

**〈お店から一言〉**

愛想はないかもしれませんが(笑)、ここにしかない味を作っています。おいしいものを食べに気軽にきてください。(店主・山口さん兄弟)

レストラン

## ティ&リュウ

浜松市東区 map：P72 E-6

☎053-462-4702
住 浜松市東区西塚町316-1
営 ランチ11:30～14:30(14:00LO)
ディナー17:00～21:00(20:30LO)
席 テーブル12席
カウンター4席
休 水曜
P 共同11台

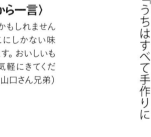

「Aコース」2150円。ランチはフレンチのコース料理をカジュアルに味わえる。季節の素材たっぷりの全7品。メイン料理は魚または肉料理を選べる

# 食べる楽しさ、食べる幸せ 笑顔がいっぱいのレストラン

シェフの古橋さんは静岡県認定「ふじのくにマエストロシェフ」に選ばれた介護食の第一人者。27歳から福祉施設へ慰問を始め、その時の経験から「自分が店を持つ時は、健常者も障がい者も1つのテーブルを囲んで、楽しく食事ができる店にしよう」と決意。ユニバーサルデザインの店内は、車いすでそのまま席に着ける。また、「遠州産食材を使って体にやさしい料理を出したい」と考えていて、今では良質な有機野菜提供の契約農家も20軒に増えた。

　人気の5日間煮込んだビーフシチューや彩り豊かな付け合わせを前に、訪れた人々は笑顔いっぱい。まさにシェフが夢に描いた「世界一温かいレストラン」がここにある。

マイセンの絵皿や絵画が飾られた上品な店内

スロープが設けられたユニバーサルデザインの入口

ランチの「地元野菜たっぷりカレーセット」1430円。まろやかなビーフカレーに地元の旬の野菜7種ほどが添えられる。サラダ、スープ、飲み物付き

レストラン

## 食楽工房《しょくらくこうぼう》

浜松市北区　map：P75 D-3

☎ 053-522-5312
住 浜松市北区細江町気賀2551-203
営 ランチ11:30～14:30
(13:30LO)
ディナー18:00～21:00
(19:30LO)
席 テーブル32席、カウンター5席
休 火曜・第1月曜（祝日の場合は営業）
P 23台
※PayPay、auPAY、d払い可

〈お店から一言〉

“あなたの笑顔がわたしの幸せ”です。心と心のふれあいを大切にこれからも頑張ります。（オーナー・古橋夫妻）

# 和牛の旨味たっぷりの デミソースの煮込みハンバーグ

ホテルで洋食料理の経験を持つ店主が、「大阪で出会ったやわらかな和牛ハンバーグのおいしさを浜松の人にも届けたい」と思い、12年前に千歳のビルの2階に店を構えた。

ブロックで仕入れた和牛肉をきめ細かくミンチし、肉の状態に合わせて赤身と脂身の割合をそろえる。タネを十分にこねた後、一晩寝かせて肉の旨味を引き出したハンバーグは、スプーンでスッとすくえるやわらかさが売りだ。やさしくほどけ、口の中いっぱいに広がる肉の旨味を堪能しよう。陣羽織をはじめ、店主の遊び心を感じさせる数々の小物が棚に並べられているほか、マスターが披露するマジックも楽しい。

店内は森の中にあるバーカウンターをイメージ

中央柳通りにあるビル2階。緑ののぼりが目印

チキンライスは鹿児島県産の「桜島どり」をワインで煮込み使用。卵もふわとろ。「チキンのオムライス（デミグラスソース）」1100円

ハンバーグの森
## Green Green
ハンバーグのもり グリーン グリーン

浜松市中区 map：P74 E-6

☎053-453-1517
住 浜松市中区千歳120 天馬ビル2F
営 ランチ11:30～14:00（13:30LO）
ディナー18:00～22:00（21:00LO）
席 テーブル4席
カウンター8席（内ベンチ席2席）
休 月曜・日曜夜
※PayPay、d払い可

**〈お店から一言〉**

やさしさと思いやりの心を大切に、この店ならではのハンバーグでおいしいと言ってもらえるよう頑張っています。（オーナーシェフ・坪井さん）

ハンバーグはふわっとやわらか。コクのあるソースも美味。ランチタイムはサラダ、ライスが付く。「デミソース煮込みハンバーグ」1390円

# 愛され続けて68年。<br>洋食の原点と醍醐味を知る

浜松の洋食店の草分け、「キッチントム」は1953年創業で68年の歴史を持つ。当時はハイカラだったハンバーグ、タンシチュー、ビーフシチュー、カニクリームコロッケ、エビフライ、チキンカツなど、先代が作り上げた味とメニューをそのまま受け継ぎ、40年間愚直に守り続けてきた。

主役ともいえるデミグラスソースは牛肉、タマネギなどに赤ワインを加えて約1週間煮込んで作る。ソースにまとわれたブランド牛「静岡そだち」を使ったジューシーなハンバーグ、トロトロの肉厚のタンのやわらかさは感動もの。千歳の街で洋食文化の原点を味わってみよう。

１階はカウンター、２階はテーブル席

1958年創業。千歳町の路地にある洋食の老舗

「ビーフシチュー」2620円。牛肉はトロトロのやわらかさ。約1週間煮込んだデミグラスソース。牛肉は「静岡そだち」を使用

## KITCHEN TOM

キッチントム

浜松市中区　map：P74 F-6

☎053-452-0886
住 浜松市中区千歳町57
営 ランチ11:30～14:30LO
ディナー17:00～21:00
席 テーブル8席、カウンター3席
休 火曜・不定休あり

**〈お店から一言〉**

すべてに手をかけて作っています。１階はカウンター席で１人でも過ごしやすいスペース。アットホームなお店ですよ。（店主・岡田さん）

ランチはハンバーグ＋３品からチョイス（エビフライ、カニコロッケ、チキンカツ）できるライス付のコンビプレートが人気。1560円

創業当時から愛され続ける名物「お好み焼き」800円。プラス200円で定食も可能

## 名物・お好み焼きをはじめ 心がこもった家庭料理に感激!

浜松市内に3店舗を構える、1974年創業の老舗レストランカフェ。看板メニューの自家焙煎豆の水出しコーヒーとお好み焼きをはじめ、カレー、定食、丼物、麺、トースト、ケーキと、幅広いメニューをそろえる。

店のモットーは「手作り」。特製ブレンドのオリジナルお好み焼きソース、長時間かけて煮込むチャーシューなど、脇役にも手間暇惜しまない。初めて訪れるなら、一番人気の「お好み焼き」がおすすめ。箸でつかめないほどのフワフワの食感で具だくさんだ。姫街道沿いにあり、気取らずに温かく迎えてくれる店である。

落ち着いた店内はカフェとしてゆっくりくつろげる

姫街道沿いに佇む、お洒落な南欧風の建物

二番人気は「あぶりチャーシュー丼定食」1050円。甘辛醤油でトロトロになるまで煮込んだ豚バラは、炙りが入って香ばしさ倍増!

カントリーレストラン
**こくりこ 大山店**

浜松市西区 map:P73 B-1

☎ 053-420-3030
住 浜松市西区大山町3806-2
営 10:00～21:00(20:00LO)
※月曜～15:00(14:00LO)
席 テーブル30席、カウンター4席
休 火曜
P 15台

**〈お店から一言〉**

地元食材をふんだんに使った、新鮮かつ地域愛にあふれたメニューが自慢です。テイクアウトメニューもご活用ください。(店主・近藤さん)

# 愛情をたっぷり包んだ
# おにぎり風三角ハンバーグは絶品

水窪出身のご主人が店を構えて42年。2代目の息子さんとともに、創業以来の味を守り続けている。ここは真心と温かさが売りのなごみ系洋食店。カレーやグラタンの他、何度もこして雑味を取り除きプレミアムな食感に仕上げたビーフシチューもそろう。

人気のみさくぼ流三角ハンバーグは、フランス料理を長く修業したご主人の自信作。パテは合い挽き肉に牛の背脂、ナツメなどの香辛料を入れて練り、しばらく寝かし、ソテーしたタマネギとパン粉を加えて練ったもの。ソースは3日間煮込んだデミグラスソース。弱火でじっくり焼いたハンバーグはふっくらジューシーだ。

"昭和"の懐かしさを感じる落ち着いた店内

洋食屋みさくぼの看板が目印

じっくり煮込んだビーフシチュー「THE・ビーフシチュー」3380円。サラダ、スープ、ライス付き

## 洋食屋みさくぼ

浜松市東区　map：P72 G-6

☎ 053-463-1231
住 浜松市東区篠ケ瀬町1038
営 11:00～14:30(13:30LO)
17:00～20:30(19:30LO)
席 25席
休 木曜、第3日曜
※臨時休業あり
P 17台（店前7台、第2P10台）

**〈お店から一言〉**

これまで親子2代にわたってご愛顧いただき感謝の一言です。これからも皆さまに喜んでいただける料理を作っていきます。（店主・斎藤さん）

お母さんが子供に作るように愛情をたっぷり込めた「王道ハンバーグ1980円」。地元野菜が中心の付け合わせは、季節ごとに変わるため飽きがこない。サラダ、スープ、ライス付き

ラム肉本来の芳醇さが口いっぱいに広がる「ラム肉ジンギスカン（140g）」980円。ライス・スープ付き

手入れが行き届いて常に清潔な店内

JR袋井駅から車で5分ほど。赤い看板を目印に

「厚熱手ごねハンバーグ（170g）＆ヒレステーキ（140g）」2800円。ライス・スープ付き、ソースはガーリックまたは和風

## ジュワーッ! 安くてうまくて豪快! 音までおいしいお肉たち

「早くて安くておいしくて、親切で愛想も良くて」と評判のステーキ＆ハンバーグの専門店。

　店主のサービス精神と卸問屋の協力によって、圧巻のボリュームと驚きの価格を実現。もちろん味も折り紙付きで、手作りとオリジナルソースにこだわったメニューの数々にリピーターが後を絶たない。オープン以来の名物「タオハンバーグ」１７０gをはじめ、牛ステーキ、ジンギスカンなど、肉好きを満足させている。３００℃に熱した鉄皿にのせられたお肉を、店主がベストのタイミングで「一番おいしい状態」に仕上げてくれる。

　明日の元気をもらいに、また訪れたい店である。

**〈お店から一言〉**

とにかく「お客さんに喜んでもらいたい」の一心。そのために毎日老体に鞭打って店内を飛び回っています（笑）。（店主・山西廣基さん、和美さん）

### タオ

**ステーキ&ハンバーグ**

袋井市　map：P77 B-4

☎0538-23-8019
住 袋井市諸井1944-2
営 11:30～14:00
17:30～21:00
席 テーブル32席
休 水曜、第1・3木曜
P 16台

# 気取らずのんびりくつろげる
# 和食も楽しめる洋食の店

和風の外観だが、店内は広々としたログハウス風で、ゆっくりのんびりくつろげる。ハンバーグやオムライス、ドリアといった洋食に、ステーキ重定食や刺身てんぷら定食などの和食がそろう。フランス三ツ星レストランで腕を振るったオーナーシェフが洋食を担当し、和食は京都で修業した弟さんが担当している。「開店当時、自分の料理に合うパンがなかったので」と店で焼き始めたパンのファンも多い。

　近所のなじみ客がくつろぐモーニングが過ぎると、ランチを求めてサラリーマンや女性グループが訪れる。幅広い世代から支持されている地域の食事処だ。

木の温もりに包まれながら、ゆっくり食事を楽しめる

ぐるめ亭の大きな看板が目印

「サーロインステーキ定食」1860円。180gのサーロインステーキにライスや味噌汁などが付いて2000円以下!

手作りパン 和・洋の料理

## ぐるめ亭《ぐるめてい》

磐田市　map：P76 E-3

☎0538-37-5001
住 磐田市宮之一色358-2
営 9:30～15:00
17:00～21:30※土日祝は通し営業
（モーニング9:30～11:00
ランチ11:00～14:00）
※ホリデーランチ（日祝）11:00～15:00
席 テーブル43席、カウンター7席
休 水曜、第3火曜　P 20台

〈お店から一言〉

ランチは980円～。自家製パン（3つ）にスープ、ドリンクなどが付いた「パンランチ」1250円もおすすめです。（店主・八木一誠さんとスタッフの皆さん）

「ハンバーグセット」1680円。小鍋で煮込んだ熱々のグラタンハンバーグに、サラダ、スープ、パンorライス、デザート、ドリンクが付く

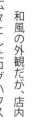

和風仕立ての「お姫様ローストビーフ丼」日替わりの副菜・味噌汁付きSサイズ1400円より。写真はMサイズ1500円

ゆっくりくつろげるカジュアルで開放的な店内

三角の看板の可愛いロゴの丼が目印

「自家製ローストビーフ丼」日替わりの副菜・味噌汁付きSサイズ1100円～。オージービーフを使いピリ辛風味の洋風ソース。写真はMサイズ1200円

## 自家製ローストビーフが自慢の新感覚のお洒落な丼レストラン

女性がお洒落にゆっくり、丼とティータイムを楽しめるカフェレストランが袋井にある。肉系や海鮮系からヘルシー系とバラエティーに富んだ丼メニューを常に10種類ほどそろえる新スタイルの丼専門店だ。

中でも一押しは、自然豊かな森町で肥育された幻の肉と言われる「森の姫牛」を使った「お姫様ローストビーフ丼」だ。低温でじっくり焼き上げたローストビーフが二重三重に重なり、頬張る度にやわらかくジューシーな旨味が口いっぱいに広がる。マスター自信作・特製オリジナルソースをかければさらに味に深みが。オープンから4年、丼メニューが女性ファンを確実に掴んでいる。

### bowls kitchen ohana

ボウルズキッチン オハナ

掛川市　map：P77 D-2

☎0537-22-0870
住 掛川市領家540
営 11:00～15:00
席 テーブル30席、カウンター5席
休 なし
P 12台
※PayPay可

**〈お店から一言〉**

「森の姫牛」はもちろん、ローストビーフはどちらも自信作です。食べ比べもおすすめですよ。（スタッフ・ゆきのさん）

「日替わりO-katteランチプレート」900円。ルイボスティー付きで、ふりかけやぬか漬けまですべて手作り。献立はHPで確認を

「気まぐれスイーツ」400円は常時2～3種類。プラス300円でドリンク付き。ランチプレートもプラス350円でケーキセットになる

月に1～2回開催される料理教室も好評

2019年に「オカン食堂」からリニューアル

## “今ここにある幸せを召し上がれ”
## 心も温かくなる野菜中心の料理

月見の里学遊館内にある小さな食堂。店名の由来となった「お勝手」は、今ではあまり使われない言葉だが、「台所」という意味がある。シェフが目指すのは、野菜のおいしさを引き出す料理。

「野菜の声を聞くように見ているとおいしさを引き出すヒントが見えてくる」と語るシェフが作るのは、ゴボウとタケノコのトマトスープ、甘酢のスティックセニョールなど、どれも旬の素材を生かしたものばかりだ。

店のコンセプトは「今ここにある幸せを召し上がれ」。心温まる店内は、地域の“お勝手”と呼ぶにふさわしい空間だ。

**〈お店から一言〉**

食事を通じて、日常にあふれる“幸せ”や“奇跡”を大切にできる時間を提供していけたらと考えています。(料理人・鈴木さん)

## O-katte LABO
オカッテラボ

袋井市　map：P78 G-3

電 090-8957-1062
住 袋井市上山梨4-3-7
(袋井市月見の里学遊館内)
営 11:30～16:00LO
席 テーブル16席
休 水・木・金曜
(水曜は不定期営業あり)
P 袋井市月見の里学遊館P

## 感性が光る上質な空間で ここだけにしかない味を楽しむ

南欧をテーマに、1985年オープン。店主は長く愛されてきた理由を「また食べたいと思ってもらえる、ここだけにしかない味を目指したこと」と話す。ソースやソーセージも一から手作りし、必ず独自の工夫をプラスしている。リーズナブルな価格で提供できるのは食材を大切に扱い、ロスを極限まで抑えているから。「例えばキャベツの芯もソースの下味に使う。捨てるのはタマネギの皮ぐらい」という。

店づくりにも店主のセンスが光る店内はステンドグラスや調度品、自然素材が醸す温かさにあふれ、緑が眺められるよう植栽の手入れにも余念がない。上質な料理を喧騒から逃れ、静かに味わう。

**〈お店から一言〉**

店づくりの一つひとつにこだわって、ここにしかない満足の味を、心を込めてリーズナブルにお届けしています。(オーナーシェフ・鈴木さん)

南欧料理

### ピエーノ

袋井市　map：P77 B-3

☎0538-43-5464
住 袋井市高尾町14-6
営 ランチ
11:30～14:30(14:00LO)
※コースは13:30LO
ディナー
17:30～20:30(19:30LO)
席 テーブル34席
カウンター6席、個室12席
休 月・火曜　P 15台

ランチメニューの「チキンのクリームソースカレー風味」1000円。パリパリの皮とクリーミーなソース。パンまたはライス、サラダ、ドリンク付き

ランチメニューの「本日の前菜」350円。コース(2300円～)でも単品でも楽しめる前菜。写真は「イカのマリネ」

ステンドグラスや自然素材が温もりを漂わせる店内

植栽の緑が出迎えるアプローチ。欧風のお洒落な外観

# 掛川森林果樹公園の隣にある
# 野菜中心のビュッフェレストラン

掛川森林果樹公園の隣にある、緑あふれるビュッフェレストラン。掛川市や遠州地方の食材を使ったサラダや煮物、炒め物、パスタ、ピザなどのほか、プリンやケーキなどのデザートが40～50種類並ぶ。旬の野菜を使うため、月ごとに異なる料理が味わえるのが魅力。好きなものをチョイスして、好きな席でゆっくりのんびりと楽しんで。テラスでは四季折々の自然が楽しめ、心地よい時間を過ごせる。

「高齢者、女性、障害者にやさしいレストラン」がコンセプト。「食材のおいしさを引き出すように努めている」というシェフが作るヘルシー料理は体にも心にもやさしく、訪れる人を元気にさせてくれる。

オープンテラス席もあり、そちらはペット同伴OK

カフェコーナー、焼き立てパンのコーナーもある

お好きな料理がパック詰めできる「テイクアウト」Lサイズ550g・980円。Mサイズ450g・780円。高齢者、障害がある方は100円引き

**掛川森林果樹公園**《かけがわしんりんかじゅこうえん》
## アトリエ《あとりえ》

掛川市 map：P79 A-3

☎0537-21-1616
住 掛川市下俣1-90
営 11:00～15:10
最終入店13:40
席 テーブル34席
オープンテラス24席
休 年末年始除き無休
P 70台

**〈お店から一言〉**

地元自慢のいろいろな食材のおいしさを引き出すように努めています。新たな魅力を発見しにお越しください。（料理長・橋山さん）

ランチビュッフェ（90分）1870円。65歳以上1650円、小学生1133円、幼児566円、1歳未満無料。予約制

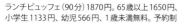

季節の野菜がたっぷり添えられた「酵素玄米チーズオムライス」サラダセット
1300円

大きな三角屋根が目を引く外観

木の温もりあふれる明るく開放的な店内

その時々でアイスやケーキの内容が変わる「気まぐれビーガンスイーツ盛り」1500円

## 体にやさしいオムライスで 心まで元気になる

御前崎市佐倉にある「龍泉寺」のすぐ横、大きな三角屋根が目印のカフェ。「母と子が最初につながる『おへそ』のように、人と人がつながる場所にしていきたい」というのが店名の由来だ。ヨガやアロマなどのワークショップも開催していて、地域の人々が集う店となっている。「子どもが生まれてから食事の大切さをより意識するようになりました」と話す店主の森さん。ご飯は酵素玄米、野菜は地元のこだわり野菜やオーガニック野菜を使い、無添加で体にいいランチを提供。スイーツも動物性のものは使わず、豆乳やナッツ類を使って手作りする。心身にやさしいアイスやケーキ、クッキーなども心を和ませてくれる。

### oheso
おへそ

御前崎市 map：P78 F-5

☎050-3699-1419
住 御前崎市佐倉481-6
営 12:00～15:00
席 15席
休 不定休(SNSで確認を)
P 10台以上

**〈お店から一言〉**

体にやさしいランチやスイーツを味わって心身ともに癒やされる、そんな時間を過ごしてみませんか？（店主・森さん）

# 渥美半島・田原の新名物は
# 地元愛から生まれた豪快な丼

オープンから半世紀を迎えた渥美半島にある老舗和食店。２００９年、愛知県田原市で始まり、２０２１年第７弾を数える好評の町おこしイベントの〝どんぶり街道〟キャンペーンでは、旗振り役を務めるなど、地域のＰＲにも尽力。メディア等の取材も多く受ける地域を代表する人気店である。

〝地元を代表する丼を作りたい〟との思いで誕生した天丼は、マスターの自家菜園直送の野菜や、地元ブランド豚の「みかわポーク」、田原のうずらの卵など特産の食材がふんだんに使われている。まさに地元愛があふれるボリューム満点の天丼。地元のお馴染みさんはもとより、観光客をもとりこにしている。

初めてでも気軽に迎えてくれるアットホームな雰囲気

2階には最大150名まで利用できる座敷席を用意、法事等にも対応

「キャベコロ」500円。田原のキャベツを使い、遠州灘で水揚げされるシラス、ツナ、カレーの3つの味に仕上げた人気メニュー

## グリル華《ぐりる はな》

田原市　map：P79 B-5

☎0531-22-3531
住 愛知県田原市田原町倉田5-11
営 11:00～14:00
17:00～21:00
席 テーブル36席
座敷12席（個室可）
2F座敷150席
休 月曜
P 20台

**〈お店から一言〉**

甘辛醤油を基本に夏季・冬季には季節限定のタレで味わう、地元素材をふんだんに使った自慢の天丼。ぜひ味わいに来てください。（店長・神谷さん）

「みかわポークにぎわい天丼」赤だし・小鉢・漬物付き900円。みかわポーク、うずらの卵、地域の魚、野菜などボリューム満点。テイクアウトもOK

## 通いたくなる庶民派グルメ

# 中華派

近頃は「町中華」とも呼ばれる昔ながらの中華料理屋さん。メニューを開けば、麺類、飯類、定食など、食べたいものがそろっている安心感が魅力。さらに、四川や上海といった本格中国料理が手頃に味わえたり、中国の庶民的な料理を楽しませてくれたりするお店もあって、店選びに迷うこと必至！いっそのことハシゴしましょうか。

# うまくて安い!の裏側にある本格中華の奥深い味わい

「麻婆豆腐だけはどこにも負けたくない!そんな気持ちで勝負している」というご主人が作る2種類の麻婆豆腐は、山椒の種類を変えて辛さに違いを出し、自家製のラー油と店内でブレンド。熟成させた豆板醤を使って、しびれる刺激や辛さ、その向こうにある旨味をまるで魔術師のように引き出している。

「手軽な値段で本物の味」を信条に2018年オープン。四川料理の大家に師事し上海料理の技も取り入れた本格料理は、一瞬にして地元の中華ファンをとりこにした。担々麺、油淋鶏、棒々鶏、四川よだれ鶏、天津飯、あんかけ焼きそば。シェフが作る料理はすべてボリューム満点。全メニューを制覇するには、少々時間がかかりそうだ。

中華《ちゅうか》

## 若林《ルーリン》

浜松市南区　map:P71 B-3

☎053-456-0101
住 浜松市南区若林町2819-3
営 11:30〜14:00
17:30〜22:00(LO21:00)
席 テーブル16席、カウンター4席
休 月・第3日曜
P 9台

**〈お店から一言〉**

夏でも冬でもアツアツ麻婆で、心もホカホカに温まってください! テイクアウトもやっています。(店主・寺田さん)

修業時代の師匠の写真や龍の飾りが飾られた店内

黒色の外壁。入り口には「若林」の大きな看板が掲げられている

「四川よだれ鶏」1000円。自家製ラー油の香り、甘辛で酸味が効いたタレが絶妙

「麻婆豆腐のランチセット」900円。スープ、ライス、付け合わせ付き。5種類あるランチセットの中でも一番人気

「Aランチ」1160円。サラダ、点心などが付いたお得なランチセット。2週間で内容が変わるため飽きずに楽しめる。平日・土曜の提供

## 何を食べてもおいしいと評判。常連さんでにぎわう大衆中華の店

55年前に先代が始めた店を現店主が引き継ぎ、二代にわたって親しまれている。料理は広東料理をベースに、四川料理を取り入れて提供する。

「心がけているのは柔軟な対応。例えば肉抜き、タマネギ抜き、野菜多めなど、できることであればすべて応えます。どうしたら満足してもらえるかを常に考えています」と店主。ワインレッドが基調の落ち着ける空間は、「ゆったり気楽に食べてほしい」という奥さんのセンス。「ごちそうさま、おなかいっぱいと言ってもらえるのが何よりうれしい。だからつい多めに盛っちゃうね」とニッコリ。数あるメニューの中でも人気は甘酢系。醤油ベースで作るまろやかな味は店主ならではのものだ。

中国料理
### 桃園
ちゅうごくりょうり とうえん

浜松市中区　map：P73 C-5

☎053-471-4032
住 浜松市中区和合町220-1390
営 ランチ11:30〜14:30(14:00LO)
ディナー17:00〜21:00
席 テーブル22席、カウンター6席
座敷30席
休 水曜
P 25台

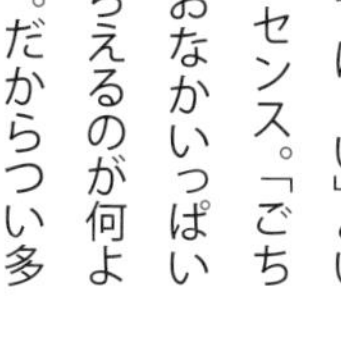

**〈お店から一言〉**
リーズナブルに中国料理を楽しめます。どうぞ気軽に足を運んでください。(店主・青山さん)

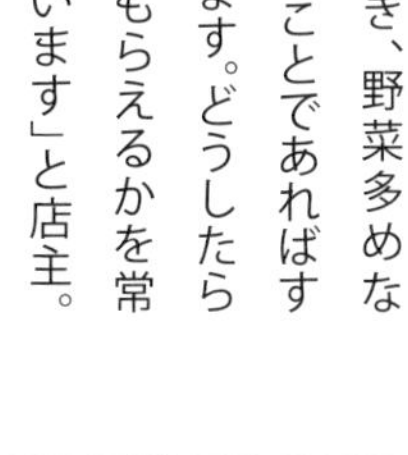

ゆとりのある店内。テーブル席と座敷がありロールカーテンも導入

1963年創業。地域に親しまれている老舗の人気店

「ホタテの塩炒め」1600円。ホタテの旨味が野菜に染みておいしさを引き立てる。あっさり食べられる店おすすめの一品

## 町中華の魅力を味わう
## 常連が惚れるいつもの味

料理歴50年。中華一筋の店主が腕を振るう料理はスピーディーでブレがない。中国料理の理念「医食同源」を基本に、塩分控えめで野菜たっぷりのメニューをそろえ、市民の健康を応援する「はままつ食de元気応援店」にも選ばれている。

刺激よりもやさしさを重視していて、しっとりとした甘めの餡からは素材の味が染み出す。毎日通っても飽きないおいしさだ。辛めのメニューもあり、味付けのリクエストにも応えてくれる。やさしい味と店主の人柄が魅力で、ビジネスマンからファミリーまで幅広い層に親しまれる老舗の町中華だ。

「ランチセット」A天津飯・B中華丼・C五目焼飯、それぞれミニラーメンが付いて1001円。ミニラーメンは塩・しょうゆ・とんこつから選べる

「鶏のから揚げ」1265円。ボリューム満点ながら油っこくなくどんどんと食が進む。おつまみ、おかずに人気

浜松中央警察署すぐ隣、赤白の外観がポイント

サッと入れて、サッと食べられる気軽さが魅力

**〈お店から一言〉**

気軽に食べられるお店です。テイクアウトもOKですよ。(店主・澤井さん)

**中国料理**

### 末広飯店

ちゅうごくりょうり すえひろはんてん

**浜松市中区** **map:P73 D-5**

☎053-474-6671
住 浜松市中区住吉5-27-1
営 11:30〜13:50LO
17:00〜20:20LO
席 座敷テーブル20席
カウンター5席
休 木曜
P 14台

新作の「中華ハンバーガー」500円(2個)。手作りのオリジナル蒸しパンにさまざまな具材を挟んだバーガースタイル

住宅街の一角にある、古民家風の建物

お年寄りにも利用しやすいテーブル席とカウンター席

**〈お店から一言〉**

香港の師匠直伝の飲茶をリーズナブルに提供しています。ほぼすべてのメニューがテイクアウト可能です。(店主・高柳さん)

中国料理

## 鳳城・華都

フォンセン・カト

**浜松市東区**　**map：P72 E-2**

☎053-581-9162
住 浜松市東区有玉台4-7-3
営 11:30～15:00(14:30LO)
17:30～21:00(20:30LO)
席 テーブル26席
カウンター4席
休 木曜
P 10台

「エビのニンニク蒸し」550円、「ショウロンポウ」300円など、価格もリーズナブル。仲間とシェアすればさらに色々な飲茶が楽しめる

# 老舗中国料理店で味わう奥深い蒸し料理の世界

浜松では数少ない、飲茶料理を得意とする中国料理店。この地に中国料理を広めた老舗中の老舗で、創業55年を誇る。香港の名店「鳳城酒家」と交流を重ねることで磨き上げた本場の飲茶を浜松にいながら堪能できる。

「他では食べられない」とシェフが自信を持ってすすめるのは「海老のニンニク蒸し」。蓋を開けると、湯気の中からたっぷり刻んだニンニクをのせた海老が現れ、食べると絶妙な香りが口から鼻に広がる。名物の小籠包をはじめ、50種類ほどをそろえる飲茶メニューはどれも300～600円とお得だ。

鉄鍋で運ばれる名物の「鉄鍋棒餃子」は３種選べていつまでも熱々。「紅虎餃子特製定食」850円。チャーハンか白米が付く

## 本格中華を気軽に楽しみながら異国を旅した気分も味わえる

本格中華をリーズナブルに楽しめる店。昼時は街中のビジネスマンでにぎわう。名物は熱々の鉄鍋に並べられた春巻きのような長細い餃子「鉄鍋棒餃子」。皮はパリっとしているのに、食感はもっちり。肉汁たっぷりの餡はしっかり下味が付いていて、タレなしでもおいしく食べられる。料理を担当するのは、中国から迎えた料理長や点心師たちだ。

店内の吹き抜けの壁には豪快な龍や、約20年前の開店時に当時の美大生が描いたアートが飾られ本場・中国の雰囲気が漂う。店を訪れれば、現地を旅したような気分を味わえるはず。

### 紅虎餃子房《べにとらぎょうざぼう》 浜松店《はままつてん》

浜松市中区　map：P74 F-5

☎053-413-6656
住 浜松市中区板屋町102−14
営 ランチ11:30〜14:00LO
ディナー17:30〜21:00LO
席 テーブル82席、カウンター5席
個室8席
休 当面の間日曜休み
※PayPay可

**〈お店から一言〉**

テイクアウトは一品料理から点心、麺・飯類のほか、丼や弁当など、いろいろと用意できるので気軽に利用してください。（料理長・張さん）

吹き抜けの開放的な店内。個室や２階席もある

中華風の赤い看板が食欲をそそる

ご飯と麺の組み合わせを多彩に楽しめる「紅虎お薦めランチセット」1100円。写真はチャーハンと黒ゴマ坦々麺。サラダ、デザート付き

# 驚きの安さとボリュームに感謝感激の中華店

チャーハン、醤油ラーメンが380円、餃子が200円。さらに、ご飯類と醤油ラーメンがセットになったランチが580円と、どのメニューも驚くほどの安さだ。しかも開店以来30年間、味も価格もボリュームも変えていないという。その理由は、大阪の修業時代、師匠に言われた「商売をやっていけたら、お客さんに必ず還元しろ」の一言を忠実に守り続けているからだ。

　自慢の餃子は肉を毎日挽き、キャベツは刻む大きさや絞り方を変えながら水分を調整する徹底ぶり。「やっぱり自分もおいしいものを食べたいし、お客さんにも喜んでもらいたいからね」と大将。庶民の味方であり続けてほしい店である。

## 餃子の砂子

ぎょうざのすなこ

**浜松市東区** map：P72 F-3

☎053-434-5222
住 浜松市東区有玉北町1589
営 ランチ11:30～売切れ次第終了
席 テーブル16席
休 月曜
P 8台

**〈お店から一言〉**

価格は30年まったく変えずに頑張っています。餃子はもちろん、ラーメン、ご飯類なども用意しています。（店主・砂子さん）

店内に入った瞬間、メニューが一目で分かる

テイクアウトも人気。ドライブスルーもOK

店主が毎日包む餃子は、カリッと焼かれ、ニンニク控えめで食べやすい。「餃子」1人前（6個）220円

平日限定セットの「日替りランチ」638円。ご飯類はチャーハン、中華飯など曜日で替わる。天津飯は金曜日のご飯もの。ラーメンは醤油味

ご飯と焼きそばが一度に楽しめる「欲張りプレート」は5種類から選べる。「欲張りプレート 肉うまにあんかけ」900円

カウンターと小上がりのなじみのある食堂空間

家族経営でほのぼの。お母さんも気さくな人柄

分厚いチャーシューがド迫力。濃厚な甘口だれが絡んでご飯がよくすすむ。丼バージョンは720円。「チャーシューエッグ」820円

## 40年続く中華食堂で楽しむ ボリュームは迫力満点

40年前の開店当初から安さとボリュームを売りにしてきた中華食堂。チャーシューはタコ糸でぐるぐると巻いて、秘伝のタレに入れ弱火でじっくりやわらかく煮込んでいる。「ご飯ものと焼きそばの両方を一品にすれば、お得じゃないかな」と5年前から始めた「欲張りプレート」は、まさにご主人の心意気を表す迫力満点の一皿。

テーブルに運ばれてくる料理の一つひとつに驚かされる。

〈お店から一言〉

一品料理、麺類やチャーハン類など多彩な味を用意しています。「レバニラ炒め」も人気です。おなかいっぱい味わってください。(大将・鈴木さん)

中華三昧

### 台北《たいぺい》

浜松市南区 map:P70 H-2

☎053-465-7625
住 浜松市南区本郷町1329-2
営 ランチ11:30〜13:30LO
ディナー17:00〜20:30LO
席 カウンター7席、座敷24席
休 水曜 P 4台
※PayPay可

## 地元の人で賑わう 庶民派価格の本格中華

中国遼寧省出身の店主が、鷲津の人と街が好きになり、11年前、駅近くに店を構える。「やさしく迎え入れてくれた地元の人たちへの恩返しに」と、安くてボリューム満点の料理を提供。今ではすっかり、地元に愛される店になっている。人気の「エビチリ」は、衣を付けて揚げたふっくらプリプリのエビに、甘辛のチリソースをたっぷりかけた独特のスタイル。家族連れや仲間の集まりなどで昼夜にぎわう本格中華店だ。

メニューも豊富で老若男女楽しめる

鷲津駅徒歩2分と通勤帰りにも便利

「海鮮とアスパラ炒め」980円。塩味ベースであっさりと味付けることで、具材の旨味を引き出している

ランチの「エビマヨ定食」1080円。ご飯・サラダ・揚げ物・ラーメン・杏仁豆腐まで付く。大きめのぷりぷりエビなどボリュームも味も大満足の人気メニュー

〈お店から一言〉

冬季はアツアツ鍋も大人気です。辛みのあるものから味噌味まで、4種そろえてお待ちしております。(店主・候さん)

中華料理

### 楓林閣《ちゅうかりょうり ふうりんかく》

湖西市 map:P75 B-5

☎053-576-8389
住 湖西市鷲津1302-4
営 11:00〜13:40
17:00〜23:00
席 テーブル46席
休 第2・第4水曜
P 5台
※PayPay可

CARD

## 森町で70年近く続く大きな食堂。四川料理から親子丼までそろえる

カレーライスやラーメン、親子丼などと一緒に本格四川料理のメニューが並ぶ、ちょっと不思議な店。1955年の創業以来、森町の食事処として親しまれてきた。三代目が人気の丼物や定食類を受け持ち、四代目が中華を担当している。

ぜひ食べてほしい料理は「口水鶏（よだれどり）」だ。中国の詩人が「よだれが出るほどおいしくて、故郷を思い出す」と語ったのが語源の伝統料理。ヒナ鶏を丸ごと茹でて一晩寝かせたものに、3種の唐辛子で作るラー油や8種の香辛料で香り付けした自家製ダレをかけていただく。地元に愛され続ける食堂で新たな逸品との出合いを楽しもう。

### 金與食堂《かねよしょくどう》

森町　map：P78 G-2

☎ 0538-85-2325
住 周智郡森町森1705-4
営 ランチ11:30～14:00
ディナー17:30～21:00
(20:30LO)
席 テーブル20席、カウンター3席
座敷50席
休 月曜、月一回火曜
P 20台
※PayPay、d払い可

**〈お店から一言〉**

食堂時代のメニューや、さらに磨きをかけた四川料理のおいしさを堪能してください。（料理長・金子さん）

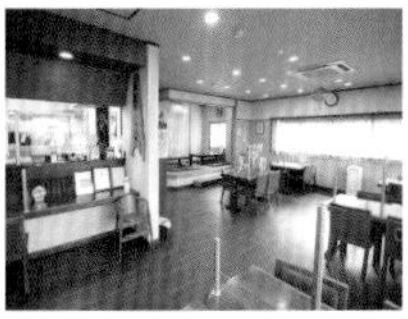

お洒落で落ち着いた店内

大きく立派な建物と広い駐車場。宴会用部屋もある

「選べるエビチリ定食」1500円（土日限定）。エビチリは卵を入れることで辛味がマイルドになり、子供から大人まで食べられる味に

「口水鶏（よだれどり）」850円。国産の丸鶏を茹で、薬味をたっぷり使い、黒酢やラー油の甘辛いピリ辛ソースで仕上げる

# 味と安さとボリュームの三拍子。白と黒がそろう担々麺をぜひ!

東名袋井インター沿いにある、赤い外観の中華料理店。10周年を迎えた中国生まれのオーナーシェフが腕を振るう。

名物は担々麺。「ピーナッツは一切使わず、100%ゴマ。煎りから粉砕、練りまでを店で仕上げるから、香りと風味はまったく違いますよ」とオーナー。白ゴマはコクが深く黒ゴマは見た目よりあっさり。そんな自慢のゴマペーストと豚肉、丸鶏、野菜を弱火で4時間煮込んだスープが一体となり、深い味わいに。麺もラー油もすべて自家製。そのほか、天津飯や餡かけ焼きそばなど、安さとボリュームを兼ね備えたメニューがいっぱいだ。

旬彩チャイナ

## 華萬

しゅんさいちゃいな かまん

**袋井市** map:P77 A-2

☎0538-44-1267
住 袋井市堀越3-5-7
営 ランチ
11:30〜14:30(14:00LO)
ディナー
17:00〜24:00(23:30LO)
席 テーブル36席、座敷30席
休 水曜
P 17台

**〈お店から一言〉**

甘さや塩味、辛さにかたよらず、旨味と風味を大切にして、料理作りをしています。(店主・葛さん)

和中折衷のお洒落な店内。テーブル席と座敷がある

中華料理店らしい赤い建物と看板が目印

「にらレバー炒め」880円。塩と酢でさっぱり味付けしたシャキシャキ野菜と爽やかな酸味が効いたボリュームたっぷりの肉厚レバー

100%ゴマペーストの濃厚坦々麺と3種類の豆板醤で味付けした麻婆丼の人気の組み合わせ「四川麻婆丼と担々麺セット」1000円

「シーフード塩味炒め」1320円。エビ、イカ、ホタテ、ブロッコリー、キノコなどの具材を地鶏でとったダシで炒め、塩味に仕上げる。それぞれの具材の味が楽しめる

## 地域に愛され40年。
## 中華と洋食が楽しめるレストラン

山小屋風の外観と、古き良き洋食店の雰囲気を残す店内。ところが、メニュー表には酢豚や八宝菜、焼きそばなどの中華や、ステーキなどの洋食が並ぶ。東京都内の上海系料理店で修業した店主が、父親が営む洋食屋を継ぐ際、「父親の洋食を残しながら、家族連れや仲間が気軽に食べられる中華の店にしよう」としたから。

「素材を無駄無く使い切る中華料理に魅了されて中華の世界に入った」という店主。「スープは浄化した水と地鶏の鶏ガラを使い、油もあっさりとしたキャノーラ油と、コクがあり香ばしいコーン油をブレンドして風味を高める」など、基本を守り続けている。近所であれば出前もしてくれる庶民派の店だ。

### かりん亭
かりんてい

**掛川市** map：P79 A-1

☎0537-24-0885
住 掛川市城西2-6-1
営 ランチ11:30～14:30
(14:00LO)
ディナー17:30～20:15
(19:15LO)
席 テーブル40席
休 日・月曜
P 10台
※PayPay可

**〈お店から一言〉**

親子二代続く、地域に根付いた中華洋食レストランです。店内飲食の他に、昔から配達をやっていて地元のお客様に喜ばれています。(店主・小関さん)

創業時の洋食店の雰囲気を残す昭和レトロの店内

創業者の父が山小屋をイメージした洋風の外観

「黒毛和牛のやわらか煮込みかけご飯」1320円。ワインや紹興酒、醤油ダレでじっくりと煮込んだ黒毛和牛に野菜炒めが添えられる

「レバニラ炒めセット」1020円。ライス、スープ、小鉢付。大ぶりのレバー、香り立つニラ、シャキシャキのもやし、甘いタマネギが特製のスープに絡む

## 3人に1人が注文するという人気のレバニラ炒め

レバーが大きくてやわらかく、熱々でうまい。その秘密は火加減。レバーは一度油で揚げ、野菜を炒めてから加える。大ぶりのレバーは硬すぎず、口に入れると旨味が！香り立つニラとシャキシャキのもやし、甘いタマネギもスープと絡んでうまさを際立たせている。厚みのある豚レバーは、近くの食肉センターから仕入れるとあって新鮮そのもの。3人に1人が注文するという人気ぶりも納得の味だ。

もう一つの秘密は、「丸鶏と胴ガラでじっくり旨味をとった自家製スープ。余計なものを加えなくても味が調うんです」と店主。店でふるまわれる料理のベースになっていて、ラーメンやあんかけ料理にも使われている。

中華厨房
### 東風
ちゅうかちゅうぼう とんぷう

御前崎市 map：P78 F-4

☎0537-85-5361
住 御前崎市新野258-1
営 ランチ11:00～14:00
ディナー17:00～20:00
席 テーブル14席
カウンター5席、座敷12席
休 月・火曜
P 15台
※PayPay可

〈お店から一言〉

丸鶏と胴ガラでとったスープは、当店ならではのもの。中華の奥深いコクと風味を味わってください（店主・野口さん）

開放的な店内。カウンター越しに調理するシェフの姿が見える

浜岡球場近く。東風の大きな看板が目印

「チキンと野菜のカリー炒め」1020円。国産鶏胸肉、もも肉の２種類の肉と旬の野菜を自家製カレー風味のタレで炒める。テイクアウトでも人気

## うまい、安い、ボリューム満点が多くの常連客を呼んでいる

「変わった店名だとよく言われますが、沖縄にはよくある名前ですよ」と沖縄出身のご主人。ビックリするのは50種を超えるセットメニューの多さ。「ビールを飲みながら料理を少しずつたくさん食べたい」「この料理とこれをセットにできませんか」といった客のリクエストに、ついうれしくなって答えていたらここまで増えたという。「昼はサラリーマンなど男性が中心ですが、掘りごたつ式の部屋が人気で、近所のおばあちゃんや子ども連れのお母さんにも寄ってもらっています」と奥さん。

レバーを味付けしてから揚げて炒める。プリプリのエビ用に特製マヨネーズを作る。そんな工夫が、多くの常連客を呼んでいるようだ。

中国料理

### なかんだかり

ちゅうごくりょうり なかんだかり

磐田市　map：P76 E-3

☎0538-37-2988
住 磐田市上万能204-1
営 ランチ11:00～14:00
ディナー17:00～22:00
席 テーブル18席、カウンター6席
個室20席
休 水曜・月1不定連休有り
※祝日の場合は営業
P 10台　※PayPay可

〈お店から一言〉

開店以来、地元のお客様に合う味を追求。これからも、皆さまに喜ばれる料理をご用意いたします。（店主・仲村渠さん）

足を伸ばし、ゆっくりくつろげる小上がり

赤とクリーム色のかわいらしいツートンカラーの外観

「唐マヨ」（中）830円、（小）630円。香ばしくカラッと揚げた唐揚げを、甘味と酸味が効いた特製オリジナルマヨネーズに絡めていただく

1年を通して食べられる「日替り冷タンランチ」980円。温かい「タンタンメンランチ」には、チャーハンと日替りの料理が1品付く。温かい麺に変えることもできる

Future the cultural spot

# まちの文化スポットを訪ねる

シリーズ1

Welcome to Oroshisho danchi

# 浜松卸商団地内に日常を楽しむカルチャーショップが続々誕生！

50周年を迎えた浜松市南区にある浜松卸商団地。多くの卸商の事業者が集まり、浜松市の物流の拠点となってきた。そんな街に、グルメやスポーツ、園芸、ファッション、雑貨など、日常を楽しむショップが次々と誕生している。個性豊かなオーナーたちに、今、変わろうとしている街の楽しみ方や次代の思いを聞いてみた。

街路樹と事業所が連なる浜松卸商団地のストリート

昭和の面影を残すストリートを、散歩気分で探索しよう!

## インテリアをトータルでサポートできる空間

### あつみ工房

浜松市南区卸本町22
tel.053-589-5718　10：00～17：00、休／火曜、水曜

お洒落なカフェの奥には、DIY体験コーナーと4タイプの楽しいインテリアショールームがあり、壁紙・床材・カーテン・家具などを問屋ならではの豊富な品ぞろえの中から提案、リーズナブルな価格で提供してくれる。

ペルー料理店

### ロボデマル・オオタニ

浜松市南区卸本町45-1　tel.053-581-7551
火曜～木曜11：00～16：00、
金曜11：00～16：00、17：30～21：30、
土曜・日曜11：00～21：00、休／月曜

ペルー出身シェフの店。肉や海鮮、豆類を使った本場ペルー料理がそろう。

## 「お客さん同士がつながることが一番うれしいです」

オーナーズインタビュー❶
GS BURGER

卸商団地内のGSビルにバーガーショップを開店したのは5年前。当時はうちの店の隣に自転車屋さんがあって、おそらくそこが小売の個人事業主として卸商団地の中に店を開いた最初じゃないかと思うんですけど、その店主とよく話していたんですよ。「あと5年ぐらいしたら、この団地にもっといろいろなお店ができて、お客さんたちが半日見て回って楽しめるような場所になるといいね」って。

芳松鎮さん

で、5年経ったわけですが、さすがに半日かけて歩けるほどの店舗数にはまだ至っていません。ただ、カフェができたり、スケートボードパークが誕生したり、オーダーパンツの店、コーヒースタンドのあるリフォーム&インテリアショップなどがオープンしたりと、少しずつお店が増えて、お客さんが回るようになったんですね。

「あそこにオーダーパンツが頼めるお店がありますよ」「おなかが空いたんだったらハンバーガー屋さんに寄ってみては」と自然にお互いの店がお互いのお客さんに紹介し合うようになって人の流れができてきた。その流れがさらに広がっていくと、卸商団地はもっと楽しくなると思いますね。

この店を始めてよかった、うれしいと感じるのは、皆さんから「さばサンドおいしかったよ！」という声が聞けること。あともう一つうれしいのは、いろいろな人との出会いが生まれたこと。それが発展して、お客さん同士が仲良くなってつながっていったことですね。この先もそんなコミュニティが生まれるようなお店であり続けたいと思います。また、うちの店は以前米津にあった「バーガーダイヤモンド」の2号店としてオープンしたんですけど、今後は人を育てて、その人に3号店を任せられたらなとも思っています。

ハーブの香りと香辛料のパンチが効いたダブルチーズバーガー

コアなファンが求めて訪れるサバサンド

**GSバーガー**
浜松市南区卸本町28 GSビル1階
tel.090-8544-5356　11:00～18:00、休／木曜

木の壁と配管むき出しのコンクリート壁が温もりを感じさせ心地いい店内。レトロなカメラや本、フィギュアなどオーナーの遊び心いっぱいのアイテムを見るのも楽しみ。

## スケボーファン急増中! 親子で楽しむ姿を見ると開設してよかったと思います

オーナーズインタビュー❷
NUTRIA SKATE PARK

以前は浜松まつりなどのイベントでステージを作り、スケードボードを楽しんだり、学んだりする場所を提供していましたが、そういった臨時的なものでなく、常設で子どもたちが通える場所、育っていく拠点を持ちたいと、2年前に開設したのが「ヌートリア」です。

ここがオープンして、親子で通ってくる方が多いのは、お父さん、お母さんが昔スケボーの経験をしたからじゃないかなと思うんです。でも、当時はちゃんと練習できる場所もなかったし、教えてくれる人もいなかった。それで途中でやめてしまったのではないかと。そんな方たちが、今ここで〝親子一緒に楽しんでいる〟というのがいいなと思いますね。

卸商団地は国1のすぐの近くにあって、ここから浜松全体にカルチャーを発信していけるエリアだと思います。スケートボードも一つのカルチャーとして、ここでゆっくり落ち着いて育てていって、いずれこの町からローカルヒーローが出てきたりしたら、それはもう「イェー!」ですね。

近藤哲也さん

### ヌートリア スケートパーク

浜松市南区卸本町23
tel.090-2344-6574
平日13:00〜23:00、
土曜12:00〜22:00、
日曜9:00〜21:00

快適な全天候型屋内スケートパーク。スケートボードの体験レッスンもあり、初心者でも気軽に楽しむことができる。

## オープンして約半年、みんなが温かく迎えてくれました

オーナーズインタビュー❸
TA2QLO

今年5月にオープンした「多肉植物」の苗を販売するお店です。多肉植物はサボテンと同じように、葉に養分を蓄えながら成長する植物で、葉っぱがぷくっとかわいらしく膨らんでいるのが特徴。同じ品種でも一つひとつ表情が違っていたり、盆栽のように自分で形を作っていけたりする楽しみがあって、少しずつ人気が高まっています。

卸商団地で始めようと考えたのは、南区には多肉植物の専門店がなかったので、地域の人たちに

たりと、いつまでも、
ただけの「理想」のパンツ。
DIAWOL
オダパン
ORDER PANTS
遠州コットン×DIAWOL
浜松発のアパレルブランドDIAWOL(ディアウォール)がお届けする、
Men's&Lady'sのオーダーパンツ「オダパン」。
お客さまのご希望や体型に合わせ、型紙からお作りします。
お好みの生地とデザインで、ずっと愛用できる一着を作りませんか？
¥10,000〜
MADE IN HAMAMATSU
DIAWOL ディアウォール
ご相談・ご予約は 090・1124・7116
オーダーパンツ企画・販売 有限会社山下義男商店 山下大輔

## オーダーパンツで歴史ある“遠州織物”を広めたいですね

オーナーズインタビュー❹
**DIAWOL**

50年以上前に卸商団地ができた当時からここで婦人服の卸問屋を営んでいて、私で3代目になります。以前私は都内のアパレルで仕事をしていたのですが、２０１１年に地元に戻り、何か新しい事業に取り組みたいと思って始めたのが、遠州織物を使ったオーダーパンツ「オダパン」です。「遠州織物」にこだわったのは、当社の顧客である女性たちの「コットン１００%でなくっちゃ」という声でした。せっかくなら、地元には質が良くて種類も豊富な綿があるから、その良さを知ってもらうためにも遠州織物を使おうと思ったんです。

実は私、この店の2階に10歳まで住んでいたんですよ。当時は本当ににぎやかで「ほんまちホテル」内にはうなぎ屋さん、おそば屋さん、焼肉屋さんなどいろいろなお店がありました。団地内で働く人、外から出張で来る人が夜な夜なお酒を飲みに繰り出していて、一日中活気がありましたね。それを知っているだけに、何とかあの活気を取り戻したいと、5年ほど前にドライブインシアターを企画・実行したことがあったんです。そのときは昔に戻ったようなにぎわいが生まれてすごくうれしかったです。

この団地が持つレトロな昭和の雰囲気は、他にはなかなかない魅力で、駐車場も公園もある非常にポテンシャルの高いところだと思うんです。GSバーガーさんのような新しいお店もどんどん誕生していますし、私たちのような昔からここにいる会社もこの場所をもっと盛り上げていって、回遊できる楽しさ、面白さをお客さんに提供していきたいなと思いますね。

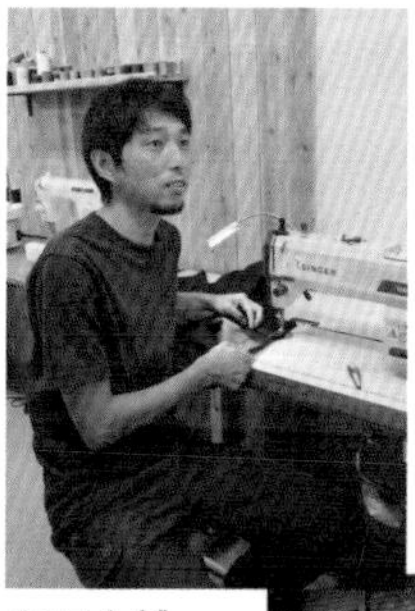

山下大輔さん

**ディアウォール**　浜松市南区卸本町60
tel.090-1124-7116

月曜〜金曜9:00〜18:30、土曜11:00〜17:00、休／日曜・祝日

風合いが良く耐久性、機能性にも優れている「遠州コットン」を使用。デザインの相談から生地選びまで、客の要望に応えるオーダーパンツ。着心地の良さを追求し、長く愛用できる一着に仕立てている。

多肉のことを知ってもらえるいい機会になると思ったからです。

お客さんの中には「GSバーガーさんから聞いてきました」とか、「コーヒーショップのトランジットさんがすすめてくれて」と言って足を運んでくださる方も多く、団地内の商店主さんたちの優しさや温かさを感じますね。もちろんこちらからも「おいしいお店がありますよ」と紹介します。そんなさりげないつながりが持てるのも、卸商団地の魅力だと思います。

黒田信行さん

**多肉屋黒田**　浜松市南区法枝町757
tel.080-3416-1256

月・火・金曜日は14:00〜日没まで、水・木・土・日曜は11:30〜日没まで、休／雨天の日

人気沸騰中の多肉植物の専門店。苗をはじめ貴重な品種や寄せ植えをそろえる。店内には作家が作ったオリジナル多肉用鉢も並ぶ。

浜松市東区 **Cramet　イオンモール浜松市野店**
クラメット イオンモールはままついちのてん

## 「Cramet」3店舗目となる イオンモール浜松市野店がオープン！

ブティック・ビギが展開するレディス&メンズのセレクトショップ「Cramet（クラメット）」が、イオンモール浜松志都呂、ららぽーと磐田に続き、9月10日イオンモール浜松市野にオープンした。コンセプトは「おしゃれな普段着」。着心地の良さとデザイン性の高さを兼ね備えた、オンにもオフにもデイリーに活躍するアイテムをそろえている。

1970年の創業以来、浜松を中心とした地域のファッション文化を常にリードしてきたブティック・ビギグループ。その次なる一手として、現在進めているのがショッピングセンター内に展開するCrametだ。1店舗目のイオン志都呂店がオープンしてすでに4年になるが、客層は幅広く、中には親子二代、三代で訪れる姿が見られるというのも、50年の歴史を持つブティック・ビギならではのこと。

ちなみに店名のCrametとは、ラテン語の「Cras（明日）」と「amet（愛する）」を組み合わせた造語で、「輝く未来」を意味しているそう。取り扱いブランドも豊富で、足を運ぶたびに「お気に入り」が見つかりそうな1店だ。

☎053-401-5337　**map：P72-F5**
住 浜松市東区天王町字諏訪1981-3
イオンモール浜松市野1F
営 10:00〜21:00
P イオンモール浜松市野駐車場

1 気軽に立ち寄れるカジュアルな店構え 2「わたしを知っている服」をコンセプトに、豊富なラインナップがそろう 3 ブランド名には「今という時を大切に」というメッセージも込められている

浜松市西区

## 株式会社村松製油所　油売店《かぶしきがいしゃむらまつせいゆじょ あぶらばいてん》

### 昔ながらの“油屋さん”が作る　プロ御用達の食用油

明治5年創業の村松製油所は、浜松に現存する唯一の食用油メーカー。昭和初期の圧搾機を使い、昔ながらの製法で作る地域の“油屋さん”だ。これまで飲食店や豆腐店への卸売りを本業にしていたが、近年は一般家庭への小売販売にも力を入れるようになり、カフェ併設の直売所で4種の油を販売している。

天ぷらや唐揚げがサクッと揚がる「菜種油」や、浜松餃子との相性も良い「辣油」のほか、「胡麻油」は焙煎あり・なしの2種類を用意。焙煎ありは炒め物や料理の仕上げに使え、焙煎なしは香りやクセがないため、どんな料理にも合う。商品はオンラインショップでも購入可能。圧搾後のゴマかすは肥料として販売している。

☎053-486-0017　map：P73-A4
住 浜松市西区湖東町4176
営 10:00～17:00
休 月曜
P 20台

1

2

3

1 「カネタ」の屋号入りの食用油。胡麻油（赤・白）、菜種油、辣油の4種を販売する 2 昔ながらの圧搾機で食用油を生産、工場には胡麻の香りが漂う 3 2021年6月には敷地内に「古民家キッチン ゑふすたいる」をオープン

浜松市浜北区

## 池島フーズ株式会社《いけしまフーズかぶしきがいしゃ》

### 香り豊かな茶そばは　知る人ぞ知る地元の逸品

なめらかな食感と、爽やかなのど越し。食品メーカー・池島フーズの茶そばは、全国外食チェーンやホテルなどの料理にも使われている、知る人ぞ知る地元の逸品だ。看板商品の「手折り銘茶そば」は県産の抹茶と地元の地下水で作った乾麺で、かむごとに抹茶の香りが口いっぱいに広がる。「低温でじっくりと乾燥させることで、コシとツヤのある麺に仕上げています。そば粉は粉の状態でも劣化が早いため、冷凍保管することで品質を守っています」と代表取締役の池島滋さん。

そば以外にもうどんやラーメン、パスタなどさまざまな麺を製造している同社。商品は地元のスーパーや会社事務所で購入可能だ。

☎053-587-1025　map：P72-H1
住 浜松市浜北区寺島2351
営 8:30～17:00
休 土・日曜・祝日
P 7台

1

2

3

1 そば愛好者の間でも評価の高い茶そば。静岡や京都の厳選した抹茶を使用 2 地元のスーパーほか、海外にも販路を広げている 3 商品は事務所で購入可能

イチ押し
アットエス

# おいしいパンの店

静岡新聞社・静岡放送のWebサイト@S〔アットエス〕から、とっておきのグルメ情報をお届け！サイト内の「@Sグルメ」では、静岡県内の飲食店14000軒以上の情報が掲載されています。今回はその中から、県西部エリアで人気のパン屋さんを紹介。出来立てを味わいたいなら、早めの来店がおすすめですよ。

アットエス @S つなぐ！楽しむ！しずおかライフ SHIZUOKA

@S［アットエス］は、静岡新聞社・静岡放送が運営するWebサイト。静岡県内ニュースからグルメ、イベント、観光情報まで、地元密着の暮らしに役立つ情報満載でお届けしています。

https://www.at-s.com/gourmet/

## Rusoma SAND

ルソマサンド

### 色鮮やかで贈り物にもぴったり

070-1646-3010

浜松市南区 MAP：P71-C4

住 浜松市南区若林町295
営 10:00～16:00（売り切れ次第終了）
休 火・水曜
P 4台（土日は向かいに10台）

旬のフルーツを特製クリームチーズホイップで挟んだクリームチーズサンド専門店。イチゴやパイナップル、ラムレーズン、巨峰などのフルーツサンドやスモークチキン、タマゴなどのベジタブルサンドなど常時6～8種類が店頭に並ぶ。色鮮やかで華やかな見た目だから贈り物にもよさそう。数量限定のため予約がおすすめ。

## Artisan

アルティザン

### 小麦とバターが香るクロワッサン

053-570-3310

浜松市浜北区 MAP：P72-E1

住 浜松市浜北区染地台3-12-21
営 7:00～17:00（売り切れ次第終了）
休 火・水曜
P 4台

パリの有名店で修業を積んだ店主が製造方法を日々研究し、本場のパンを提供する。約70種類あり、1番人気はクロワッサン。フランス産小麦トラディションや発酵バターなどを使用し、低温熟成製法で仕込み、4日間かけて作り上げる。表面はサクッと、内層はしっとりで、小麦とバターの甘い香りが贅沢なクセになるおいしさ。

## TRASPARENTE LaLuce 磐田店

トラスパレンテ ラルーチェ

# テラスで焼きたてが味わえる

0538-88-9352

磐田市 MAP：P76-F3

住 磐田市中泉399-3
営 7:30～17:00
休 火曜
P 13台

JR磐田駅から徒歩約5分、東京・中目黒に本店を置くベーカリーカフェ。磐田産の食材をふんだんに取り入れたパンが店頭に並び、惣菜パンや菓子パンは具材たっぷり。多くの種類のパンを少しずつ、何度も焼き上げるので、いつでも焼きたてが味わえる。イートインスペースや緑豊かなテラス席もあるので、出来たてを味わって。

## Boulangerie&Cafe Place Mange

プラスモンジュ

# 力強い味わいのパンとスイーツ

053-570-8017

浜松市中区 MAP：P73-D5

住 浜松市中区住吉3-22-15
営 9:00～18:00
（売り切れ次第終了）
休 水曜
P 5台

パリで修業を積んだ店主が作る、本場仕込みのパンとスイーツの店。人気は発酵バターをたっぷり使ったクロワッサン。3種類のフランス産小麦粉をブレンドしたバケットからキッシュ、クロックムッシュなど惣菜系のパンもそろう。プリンやタルトなどスイーツもおすすめ。素材の味と香りを生かしたシンプルで力強い味わいを楽しんで。

## Boulangerie Lamp 佐鳴台店

ブーランジェリーランプ

# 厳選素材のこだわりバゲット

053-440-5506

浜松市中区 MAP：P71-B2

住 浜松市中区佐鳴台2-19-20
営 7:00～売り切れ次第終了
休 無休
P 3台

「おいしい生地づくり」を第一に考え、小麦粉、塩、牛乳、生クリームなどの素材を厳選。看板商品のクロワッサンは、サクサクでしっとり溶ける食感が絶品だ。3種の小麦粉をブレンドして長時間発酵させたモチモチ食感の「バゲット・ド・トラディション」や、どんな料理にも合わせやすい伝統的な製法を守った「バゲット」なども人気。

E
F
G
H
1
2
3
4
5
6
八幡駅
遠鉄電車
消防局
中消防署
西友
浜松労災
病院
浜松アリーナ
佐藤小
西遠
女子学園
ホテル
コンコルド
浜松
六間道路
遠州病院
静岡文化
芸術大
たこまん
キッチン泉/P34
浜松市
役所
遠州
病院駅
クリエート浜松
業務
スーパー
157
赤ちゃんデパート
河田
東海道本線
静銀
静銀
浜松東
警察署
東海道新幹線
谷島屋書店
神沢書店
第一通り駅
ひらまつ亭/P32
スギ薬局
JAとぴあ
遠鉄ストア
明屋書店
クリエイト
S・D
アクトシティ
浜松
ザザシティ
浜松
志道/P05
サイゼリヤ
ニュー藤屋 渡瀬店/P06
浜松科学館
みらいーら
東部やすらぎ
公園
本の王国
杏林堂
新浜松駅
浜松駅
ホテル
レオン浜松
静銀
杏林堂
オートバックス
遠鉄ストア
相生小
フードマーケット
マム
パロー
サーラ
シティ
ビオあつみ
コメダ珈琲店
芳川北小
台北/P56
浜松家畜病院
竜禅寺小
キャン・ドゥ
Mr.ぶんぐ
天将/P07
モンターニュ
TSUTAYA
浜松いわた
信用金庫
南陽中
芳川ゴルフ
ガーデン
南部中
さや/P18
眼鏡市場
ワークマン
芳川小
浅間小
三島楊子公園
シャトレーゼ
ユーコープ
しまむら
JAとぴあ
AOKI
クリエイト
S・D
吉野家
江西中
150
マックス
バリュ
遠鉄ストア
マクドナルド
毎日ボウル
杏林堂
快活CLUB
南消防署
芳川出張所
浜松南病院
1
イズモ葬祭
フィール
SHIROWA
白脇小
遠鉄ストア
さわやか
316
かつさと
JAとぴあ浜松
ファーマーズマーケット
ふじもり
耳鼻咽喉科
白脇ケア
センター
杏林堂
バーミヤン
白脇交番
アソカ学園
美波幼稚園
中田島街道
セカンドラボ
馬込川
ケーヨー
デイツー
ガリバー
すき家
芳川
JAとぴあ
遠州灘
海浜公園
遠州灘
海浜公園
江ノ島高
五島協働センター
南の星小
中田島砂丘
E
F
G
H

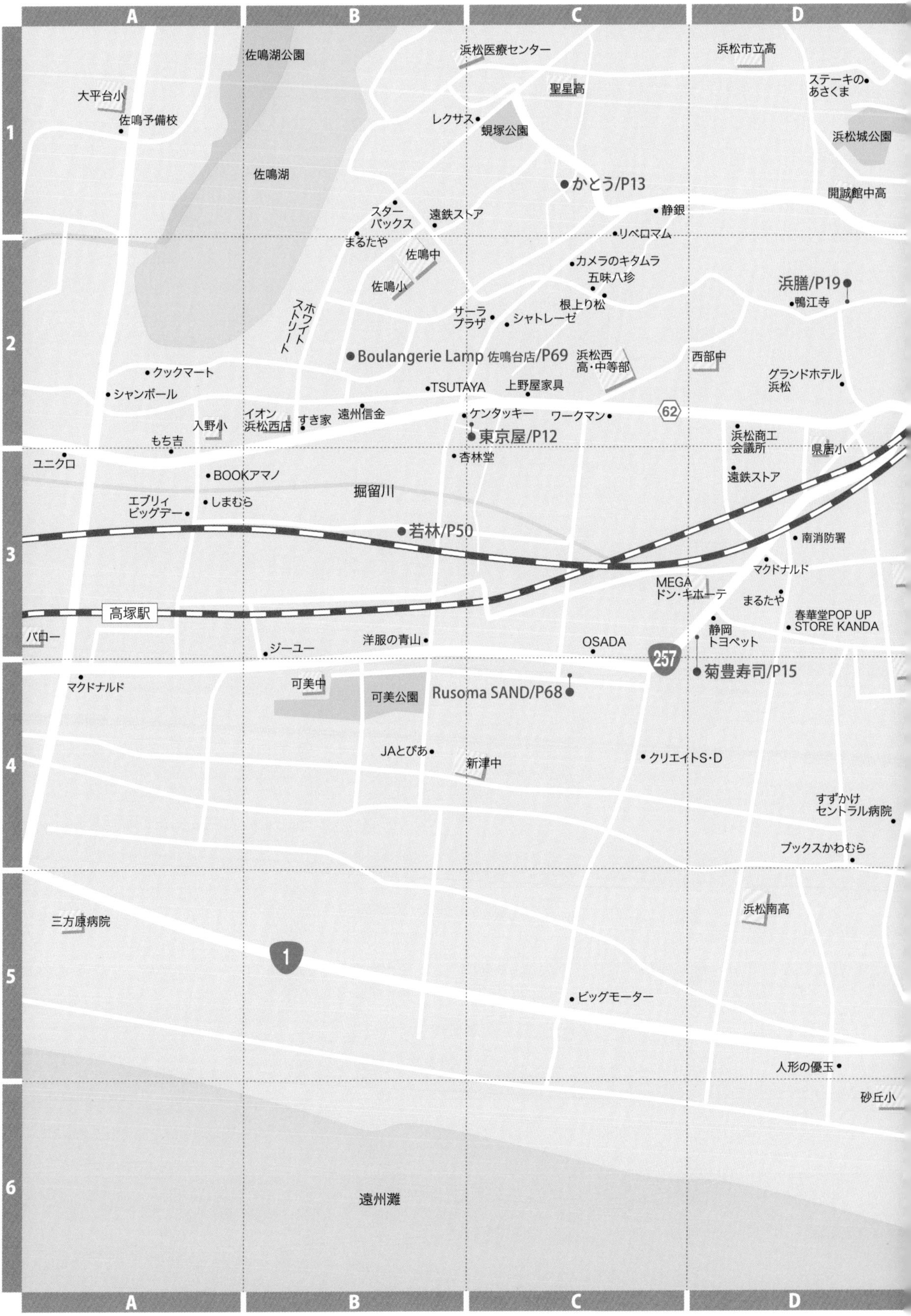
A
B
C
D
1
2
3
4
5
6
佐鳴湖公園
浜松医療センター
浜松市立高
大平台小
ステーキのあさくま
聖星高
佐鳴予備校
レクサス
蜆塚公園
浜松城公園
佐鳴湖
かとう/P13
開誠館中高
スターバックス
遠鉄ストア
静銀
まるたや
リベロマム
佐鳴中
カメラのキタムラ
五味八珍
浜膳/P19
佐鳴小
根上り松
鴨江寺
ホワイトストリート
サーラプラザ
シャトレーゼ
Boulangerie Lamp 佐鳴台店/P69
浜松西高・中等部
西部中
クックマート
グランドホテル浜松
TSUTAYA
上野屋家具
シャンボール
イオン浜松西店
すき家
遠州信金
ケンタッキー
ワークマン
62
入野小
東京屋/P12
浜松商工会議所
もち吉
県居小
ユニクロ
杏林堂
BOOKアマノ
遠鉄ストア
掘留川
エブリィビッグデー
しまむら
若林/P50
南消防署
マクドナルド
MEGAドン・キホーテ
まるたや
高塚駅
春華堂POP UP STORE KANDA
パロー
静岡トヨペット
洋服の青山
OSADA
ジーユー
257
菊豊寿司/P15
マクドナルド
可美中
可美公園
Rusoma SAND/P68
JAとぴあ
新津中
クリエイトS・D
すずかけセントラル病院
ブックスかわむら
浜松南高
三方原病院
1
ビッグモーター
人形の優玉
砂丘小
遠州灘

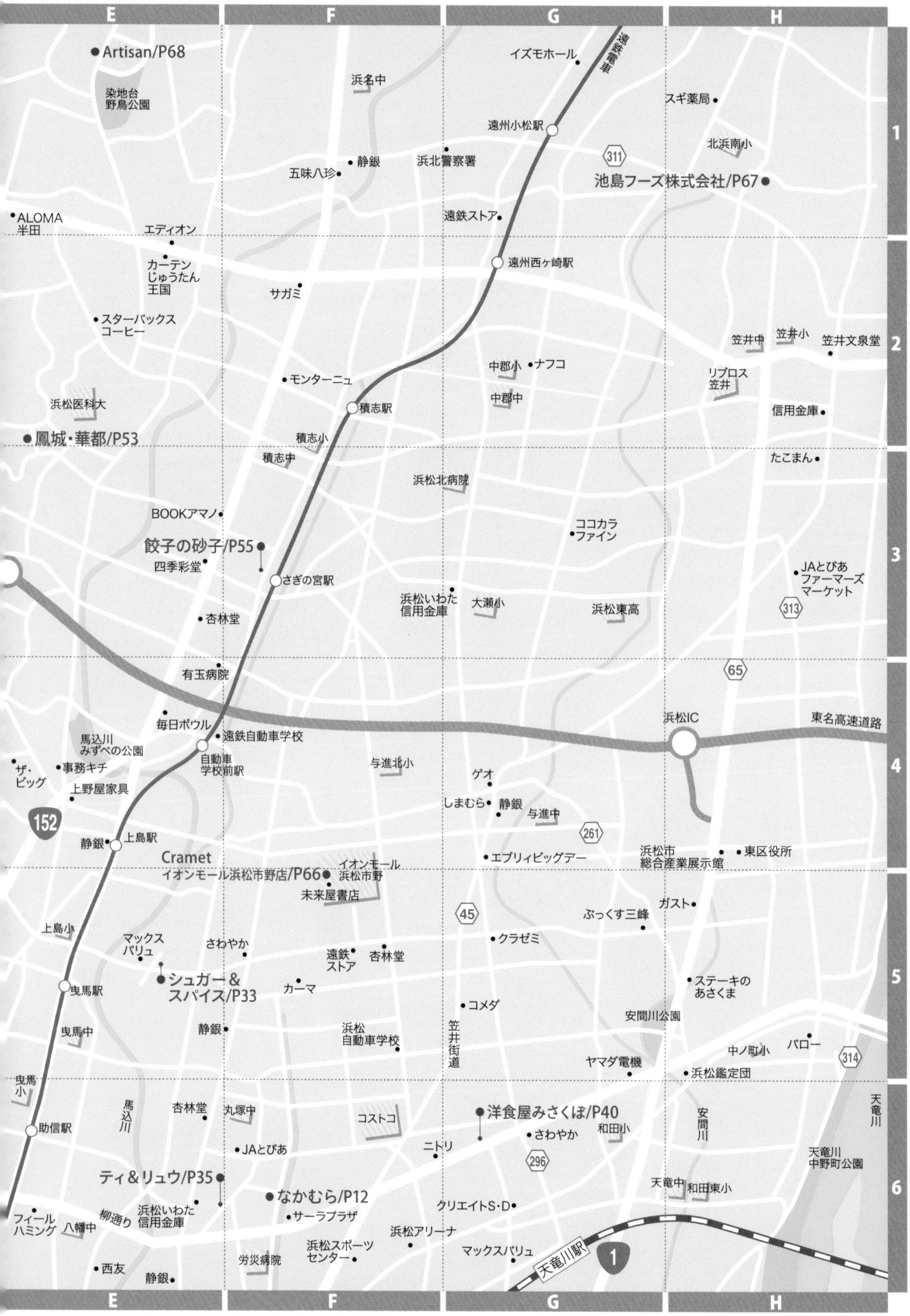
E
F
G
H
1
2
3
4
5
6
Artisan/P68
染地台
野鳥公園
浜名中
イズモホール
遠鉄電車
スギ薬局
遠州小松駅
北浜南小
静銀
五味八珍
浜北警察署
311
池島フーズ株式会社/P67
ALOMA
半田
エディオン
遠鉄ストア
カーテン
じゅうたん
王国
遠州西ヶ崎駅
サガミ
スターバックス
コーヒー
笠井中
笠井小
笠井文泉堂
中郡小
ナフコ
リブロス
笠井
モンターニュ
浜松医科大
中郡中
積志駅
信用金庫
鳳城・華都/P53
積志小
積志中
たこまん
浜松北病院
BOOKアマノ
ココカラ
ファイン
餃子の砂子/P55
四季彩堂
JAとぴあ
ファーマーズ
マーケット
さぎの宮駅
浜松いわた
信用金庫
大瀬小
浜松東高
杏林堂
313
有玉病院
65
毎日ボウル
浜松IC
東名高速道路
遠鉄自動車学校
馬込川
みずべの公園
自動車
学校前駅
与進北小
ザ・
ビッグ
事務キチ
ゲオ
上野屋家具
しまむら
静銀
与進中
152
261
静銀
上島駅
浜松市
総合産業展示館
東区役所
Cramet
イオンモール浜松市野店/P66
エブリィビッグデー
イオンモール
浜松市野
未来屋書店
ガスト
45
ぶっくす三峰
上島小
マックス
バリュ
さわやか
クラゼミ
遠鉄
ストア
杏林堂
シュガー＆
スパイス/P33
カーマ
ステーキの
あさくま
曳馬駅
コメダ
安間川公園
静銀
浜松
自動車学校
曳馬中
笠井街道
中ノ町小
バロー
ヤマダ電機
浜松鑑定団
314
曳馬小
馬込川
杏林堂
丸塚中
コストコ
洋食屋みさくぼ/P40
安間川
天竜川
助信駅
さわやか
和田小
JAとぴあ
ニトリ
天竜川
中野町公園
ティ＆リュウ/P35
296
なかむら/P12
天竜中
和田東小
柳通り
浜松いわた
信用金庫
クリエイトS・D
フィール
ハミング
八幡中
サーラプラザ
浜松アリーナ
浜松スポーツ
センター
マックスバリュ
天竜川駅
1
西友
労災病院
静銀
E
F
G
H

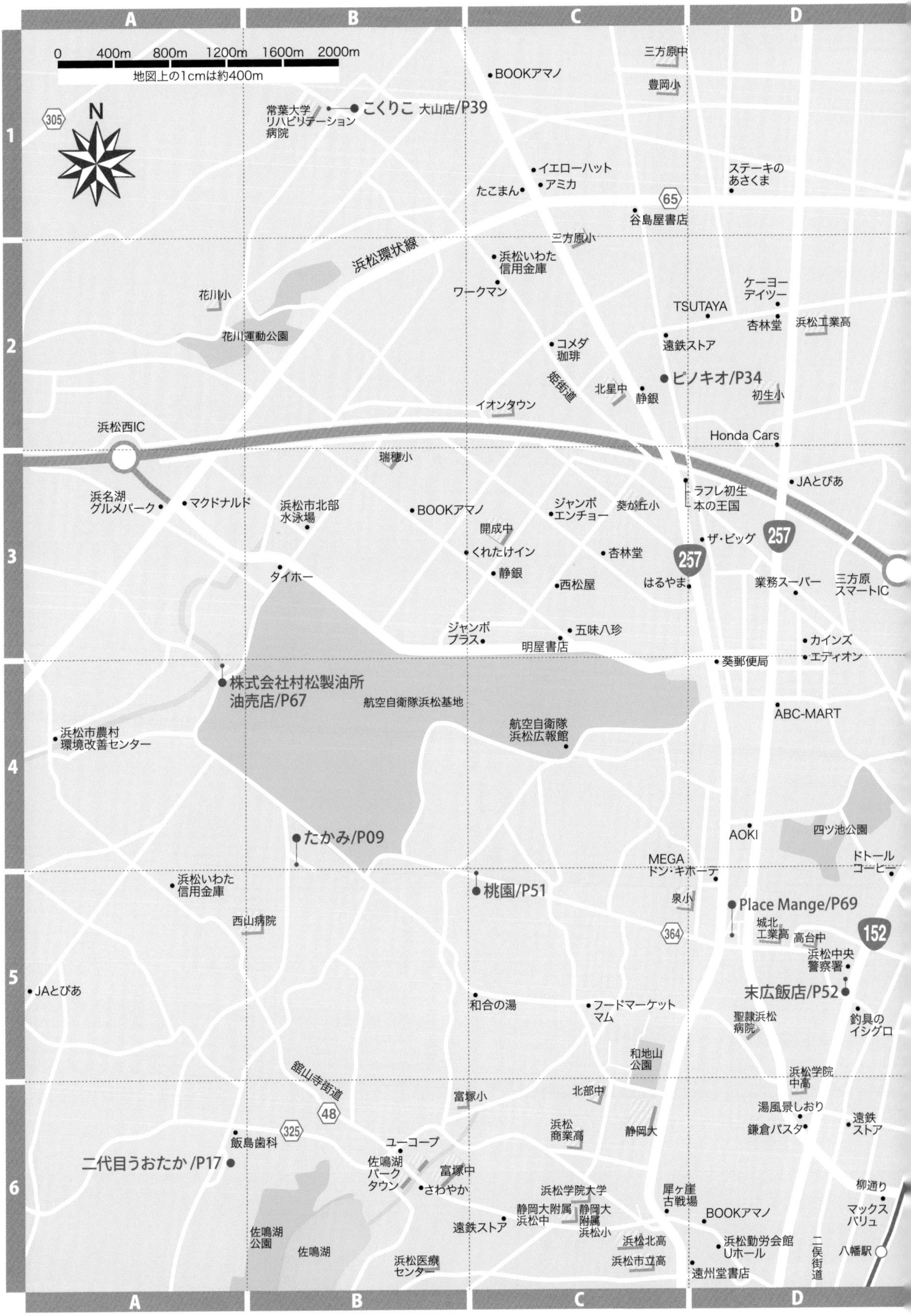

A
B
C
D
0
400m
800m
1200m
1600m
2000m
地図上の1cmは約400m
N
305
三方原中
BOOKアマノ
豊岡小
常葉大学
リハビリテーション
病院
こくりこ 大山店/P39
イエローハット
アミカ
たこまん
ステーキの
あさくま
65
谷島屋書店
三方原小
浜松環状線
浜松いわた
信用金庫
ワークマン
花川小
ケーヨー
デイツー
TSUTAYA
杏林堂
浜松工業高
花川運動公園
コメダ
珈琲
遠鉄ストア
姫街道
ピノキオ/P34
北星中
静銀
初生小
イオンタウン
浜松西IC
Honda Cars
瑞穂小
ラフレ初生
本の王国
JAとぴあ
浜名湖
グルメパーク
マクドナルド
浜松市北部
水泳場
BOOKアマノ
ジャンボ
エンチョー
葵が丘小
開成中
ザ・ビッグ
257
くれたけイン
杏林堂
257
タイホー
静銀
西松屋
はるやま
業務スーパー
三方原
スマートIC
ジャンボ
プラス
五味八珍
明屋書店
カインズ
エディオン
葵郵便局
株式会社村松製油所
油売店/P67
航空自衛隊浜松基地
ABC-MART
浜松市農村
環境改善センター
航空自衛隊
浜松広報館
四ツ池公園
AOKI
たかみ/P09
ドトール
コーヒー
MEGA
ドン・キホーテ
浜松いわた
信用金庫
桃園/P51
泉小
Place Mange/P69
西山病院
城北
工業高
高台中
364
152
浜松中央
警察署
JAとぴあ
末広飯店/P52
和合の湯
フードマーケット
マム
聖隷浜松
病院
釣具の
イシグロ
和地山
公園
舘山寺街道
浜松学院
中高
富塚小
北部中
湯風景しおり
48
浜松
商業高
静岡大
鎌倉パスタ
遠鉄
ストア
325
飯島歯科
ユーコープ
二代目うおたか /P17
佐鳴湖
パーク
タウン
富塚中
さわやか
柳通り
犀ケ崖
古戦場
浜松学院大学
静岡大附属
浜松中
静岡大
附属
浜松小
BOOKアマノ
マックス
バリュ
遠鉄ストア
浜松勤労会館
Uホール
佐鳴湖
公園
佐鳴湖
浜松北高
二俣街道
八幡駅
浜松医療
センター
浜松市立高
遠州堂書店
1
2
3
4
5
6

## AREA MAP 浜松北区

## AREA MAP 浜松街中

AREA MAP

# 浜名湖周辺

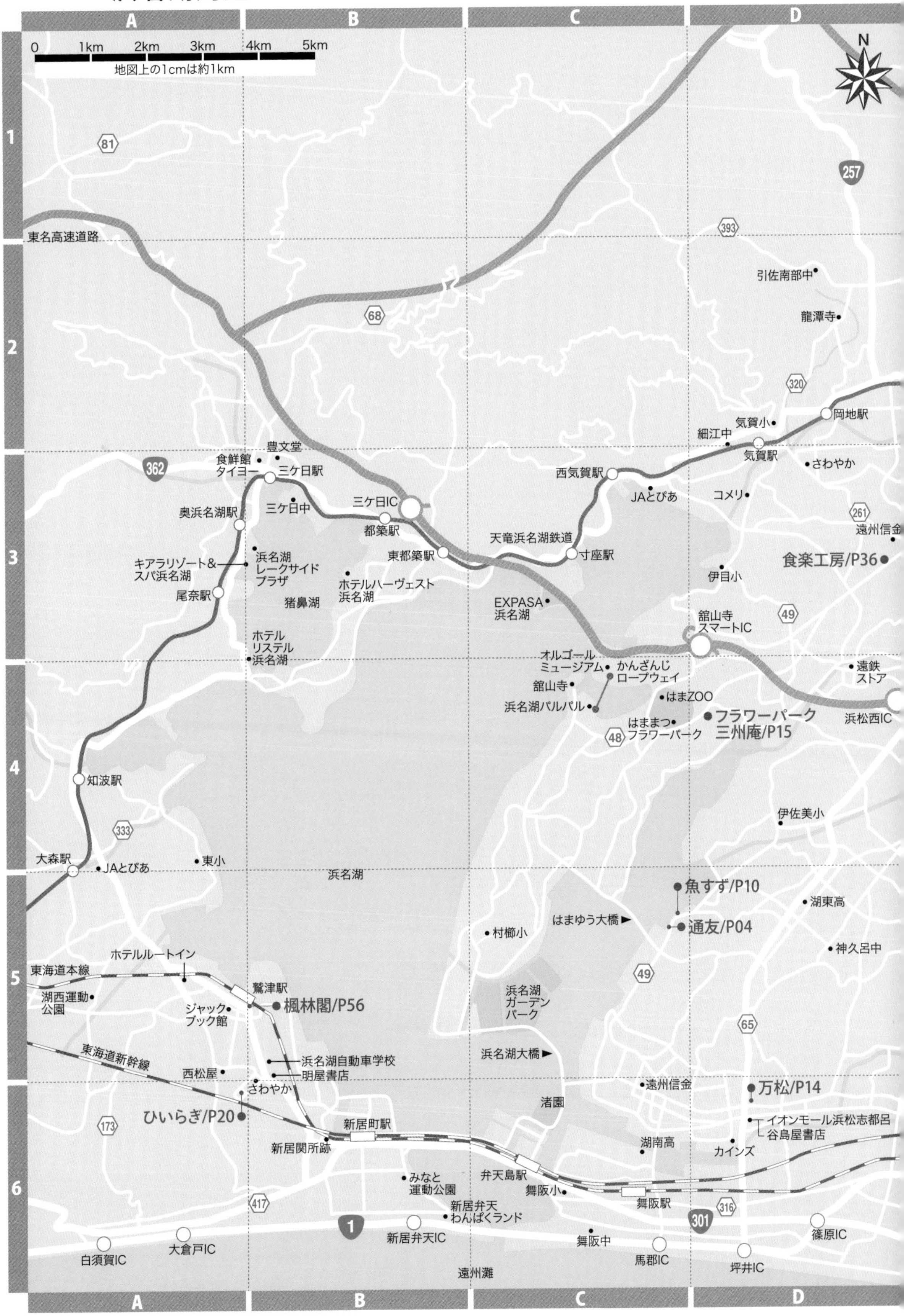

E
F
G
H
N
1
2
3
4
5
6
天竜川
ららぽーと磐田
谷島屋書店
磐田IC
東名高速道路
遠州豊田
スマートIC
277
豊田東小
豊田北部中
262
1
ホテルルートイン
富士見小
ヤマダ
電機
磐田グランドホテル
田原小
ウエルシア
旧赤松家
記念館
磐田北高
新造形創造館
つくるっぺい
アミューズ豊田
中央図書館
磐田北小
見付天神
明屋書店
磐田
警察署
かぶと塚
公園
イオン
タウン
ヤマハ
スタジアム
413
事務キチ
アプレシオ
TSUTAYA
浜松いわた
信用金庫
なかんだかり/P61
谷島屋
書店
磐田南高
磐田東高
ぐるめ亭/P42
56
御厨駅
東海道新幹線
磐田西高
アピタ
業務
スーパー
豊田南中
谷島屋書店
261
バーンビレッジ
香りの
博物館
ワークマン
磐田農業高
TRASPARENTE LaLuce 磐田店/P69
魚彦/P26
サイゼリア
東海道本線
豊田町駅
マックスバリュ
辰味家/P26
ケーヨー
デイツー
磐田駅
ジャンボ
エンチョー
東部小
磐南中央病院
浜松いわた
信用金庫
259
403
杏林堂
バロー
43
TSUTAYA
大池
遠鉄ストア
ドン・
キホーテ
メロン組合
カインズ
静岡産業大
JT
どっさり市
すずかけヘルスケア
ホスピタル
磐田南小
今之浦川
太田川
豊浜小
遠州中央農協
JA遠州中央農協
福田小
青苑/P23
258
福田郵便局
マックスバリュ
260
磯光/P29
福田西病院
しまむら
150
醍醐荘
尾張屋
モンターニュ
たこりき
竜洋東小
漁師のどんぶり屋/P22
福田中
0
500m
1000m
1500m
2000m
2500m
地図上の1cmは約500m

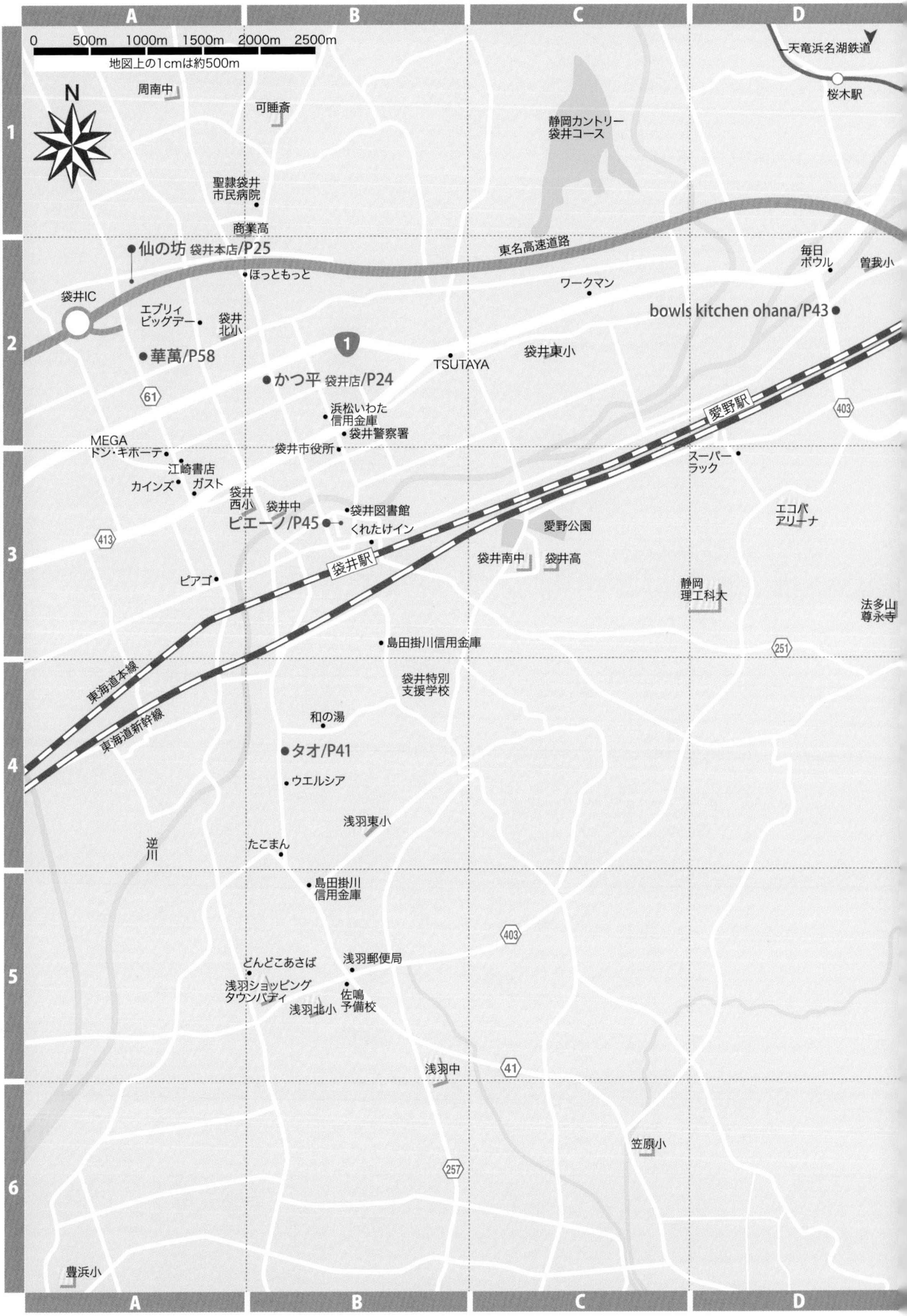

A
B
C
D
1
2
3
4
5
6
0
500m
1000m
1500m
2000m
2500m
地図上の1cmは約500m
N
周南中
可睡斎
聖隷袋井
市民病院
商業高
静岡カントリー
袋井コース
天竜浜名湖鉄道
桜木駅
仙の坊 袋井本店/P25
ほっともっと
東名高速道路
袋井IC
エブリィ
ビッグデー
袋井
北小
華萬/P58
1
かつ平 袋井店/P24
TSUTAYA
袋井東小
ワークマン
毎日
ボウル
曽我小
bowls kitchen ohana/P43
61
浜松いわた
信用金庫
袋井警察署
袋井市役所
MEGA
ドン・キホーテ
江崎書店
カインズ
ガスト
袋井
西小
袋井中
袋井図書館
ピエーノ/P45
くれたけイン
413
愛野駅
403
スーパー
ラック
エコパ
アリーナ
愛野公園
袋井駅
袋井南中
袋井高
ピアゴ
静岡
理工科大
法多山
尊永寺
島田掛川信用金庫
251
東海道本線
東海道新幹線
袋井特別
支援学校
和の湯
タオ/P41
ウエルシア
浅羽東小
逆
川
たこまん
島田掛川
信用金庫
403
どんどこあさば
浅羽郵便局
浅羽ショッピング
タウンパディ
佐鳴
予備校
浅羽北小
浅羽中
41
笠原小
257
豊浜小

## AREA MAP 磐田・袋井・森町・天竜

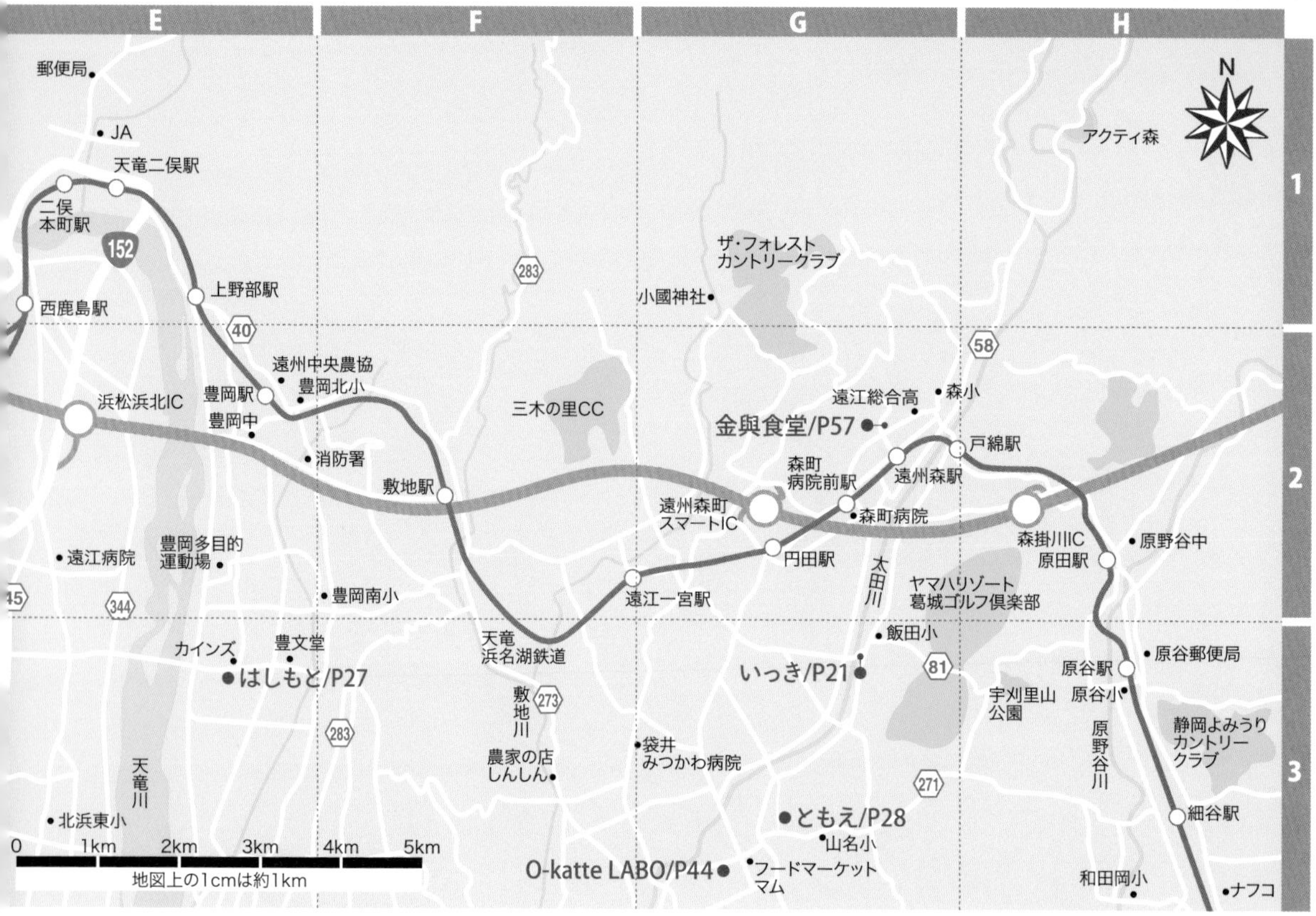


## AREA MAP 御前崎・菊川

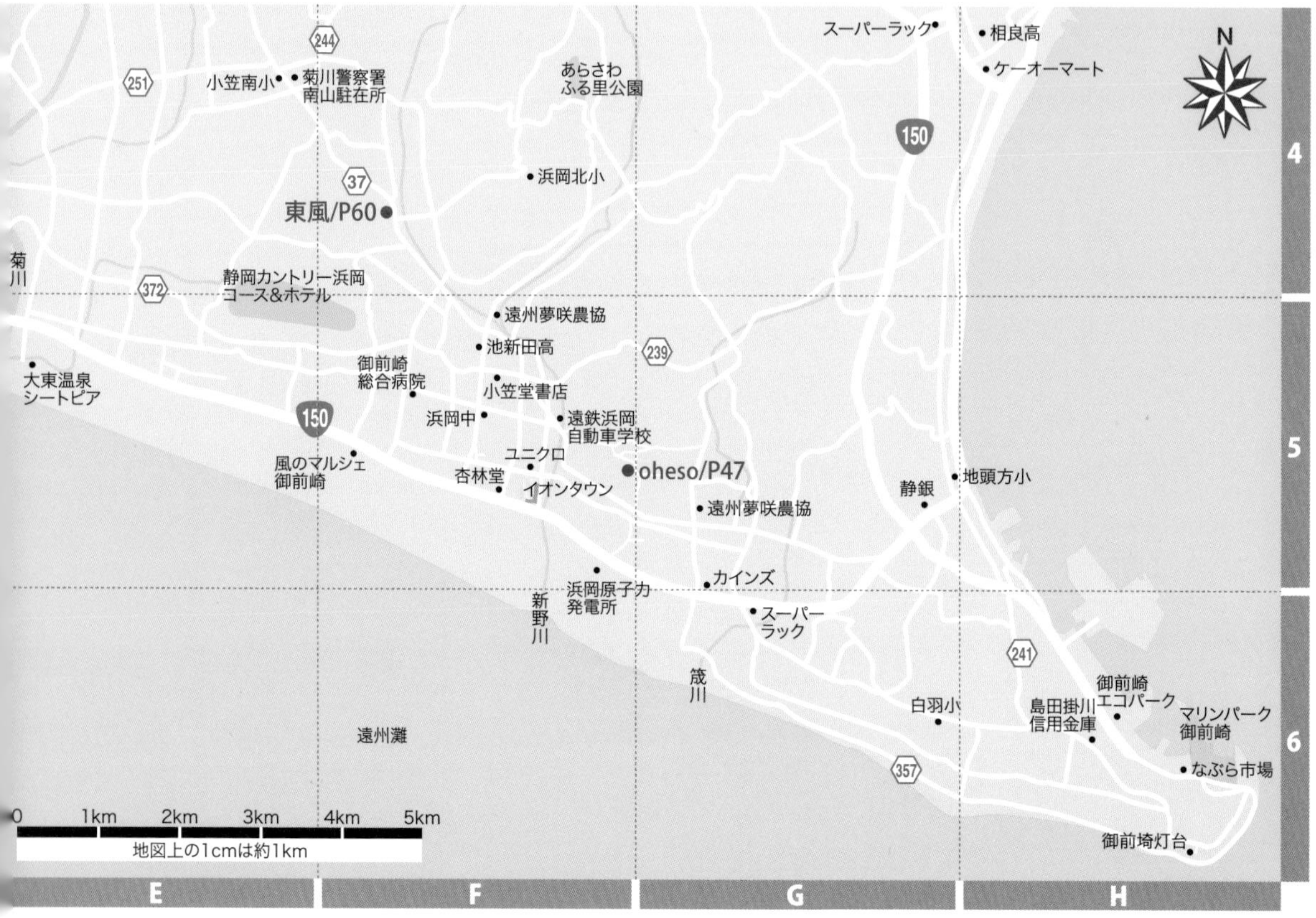

## AREA MAP 掛川

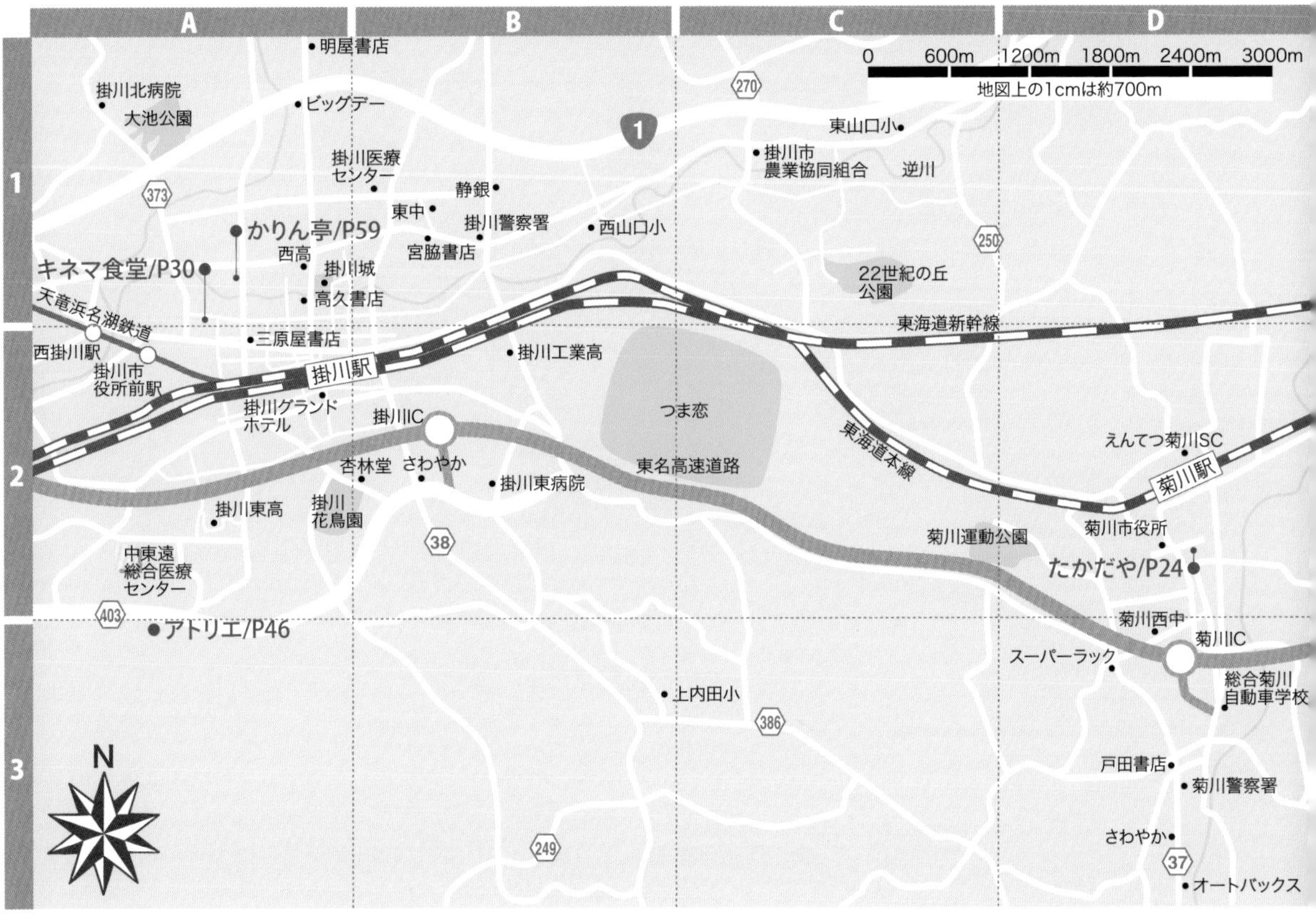


## AREA MAP 田原

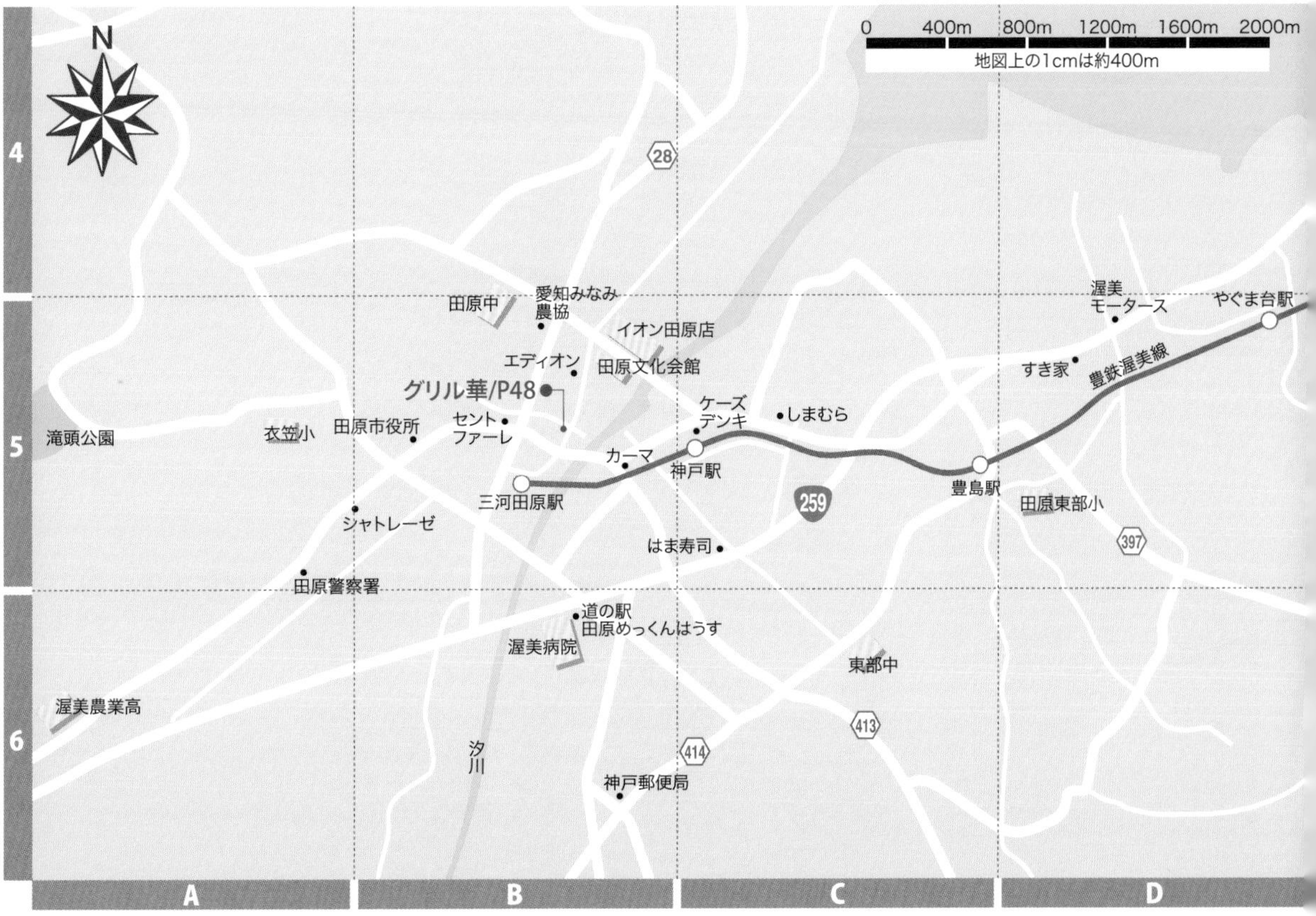

## 50音順 INDEX




浜松ぐるぐるマップ
HAMAMATSU GURUGURUMAP
99号「通いたくなる庶民派グルメ」

発　　行／静岡新聞社出版部
〒422-8033　静岡市駿河区登呂3-1-1　Tel.054-284-1666

企画・編集・制作／SBSプロモーション浜松支社
〒430-0927　浜松市中区旭町11-1　プレスタワー11F
Tel.053-456-0788

デ ザ イ ン／Studio Engine Room
komada design office
80プロ

取 材・撮 影／野寄 晴義（〆切三昧）　堀内 穣
中村 美智子　松井 トオル　和久田 清美

※税表示に関するご注意……本誌に掲載した価格は、2021年10月1日までの取材における消費税込価格です。


### こんな情報を待ってます!

●あなたのお気に入りの店で、おすすめのメニューや自慢したい逸品
●新店舗オープン、または移転・リニューアルオープンの店
場所と推薦理由も添えてください。また、上記以外でもぐるぐるマップでまだ紹介されていない店の情報など、随時募集していますので、どしどしお寄せください。

※ハガキ、封書またはe-mailでお送りください
※諸般の事情により掲載できないこともありますのでご了承ください

■宛先／〒422-8670 静岡新聞社出版部
「浜松ぐるぐるマップ99号」係
mail guruguru@sbs-promotion.co.jp

※お送りいただいた個人情報は、当社出版の企画の参考などに利用し、その目的以外での利用はいたしません。